Parler de notre monde :
La question de l'objectivité chez Berkeley

Tony Ferri

CIP a Camerei Naţionale a Cărţii

Ferri, Tony.

Parler de notre monde: La question de l'objectivité chez Berkeley/Tony Ferri. – Chişinău : Generis Publishing (Online Marketing Group), 2020 (Print on demand). – 78 p.

Bibliography: p. 76-77

ISBN 978-9975-3348-2-2.

1

F 42

Cover Image: www.pixabay.com

Publisher: Generis Publishing
Online orders: www.generis-publishing.com
Orders by email: info@generis-publishing.com

Du même auteur

- *Libre et condamné. La détention en milieu ouvert en question* (préface de Christian Daniel), Paris, Libre et Solidaire 2019.

- *La philosophie de Sartre. De la finitude à la liberté*, Riga, Éditions universitaires européennes, 2018.

- *Abolir la prison. L'indispensable réforme pénale* (préface du philosophe Thierry Paquot, postface du biologiste Thierry Lodé), Paris, Libre et Solidaire, 2018.

- *Homo catenarius. La surveillance électronique pénale comme système de « chaîne à la patte »*, Paris, L'Harmattan, 2017.

- *Surveillance électronique pénale. Son statut, son sens, ses effets* (préface de Jean-Marie Delarue), Paris, Éditions Bréal, 2017.

- *De la domination. Essai sur les falsifications du pouvoir* (co-écrit avec Thierry Lodé), Paris, Libre et Solidaire, 2017.

- *Pouvoir et politique pénale. De la prison à la surveillance électronique*, Paris, Libre et Solidaire, 2016.

- *Emprisonner et surveiller. Vers la normalisation du placement sous surveillance électronique ?* (préface de Chris Younès), Paris, Éditions Bréal, 2016.

- *Éloge du pilori. Considérations intempestives sur les arts de punir* (livre d'Alain Brossat - Entretien avec Tony Ferri), Paris, L'Harmattan, 2015.

- *La compulsion de punir* (préface du philosophe René Schérer, postface du professeur Loïck-M. Villerbu), Paris, L'Harmattan, 2015.

- *Punition et risque. Les geôles du quotidien* (co-écrit avec Erwan Dieu), (préface de Michel Onfray), Paris, Studyrama, 2015.

- *En quête de réel. Réflexions sur le droit de punir, le fouriérisme et quelques autres thèmes* (livre de René Schérer - Entretien avec Tony Ferri), Paris, L'Harmattan, 2014.

- *Le pouvoir de punir. Qu'est-ce qu'être frappé d'une peine ?*, Paris, L'Harmattan, 2014.

- *La condition pénitentiaire. Essai sur le traitement corporel de la délinquance* (co-écrit avec Dragan Brkić), Paris, L'Harmattan, 2013.

- *Qu'est-ce que punir ? Du châtiment à l'hypersurveillance*, Paris, L'Harmattan, 2012.

- *Les Fées pleurent pour y croire encore*, Paris, Publibook, 2008.

- *Le Répit*, Paris, Publibook, 2001.

Dédicace particulière à Juliette.

L'homme est trop enclin à mesurer l'inconnu d'après ce qui lui est connu, et à recourir à un préjugé ou à un aspect des choses dont il est familier pour juger des choses dont il n'est pas familier. Un violoniste de ma connaissance enseignait sans plaisanter que l'âme était une harmonie ; un géomètre assurait que l'âme était certainement étendue ; un médecin, après avoir mariné une demi-douzaine d'embryons et disséqué autant de rats et de grenouilles, en conçut de la suffisance au point d'affirmer que l'âme n'existait pas, que c'était une erreur grossière[1].

---

[1] George Berkeley, *Alciphron ou le petit philosophe*, Dialogue VI, Paris, PUF, coll. « Epiméthée », 1992, p. 286.

Introduction

Penser, c'est toujours penser dans et par un monde. L'activité de penser est liée à l'appartenance au monde, elle se développe au sein d'un être collectif et s'acquiert par le contact ainsi que par la fréquentation des autres. Le monde est le lieu de l'appropriation de la parole, le langage le moyen de la pensée. Ce qui veut dire que le langage est fondamentalement reçu et que les choses ne nous sont présentées qu'associées à leurs signes, uniquement à travers eux. Le monde devient bientôt pensable et compréhensible quand s'illumine en nous l'idée que les mots désignent des choses ou des idées, c'est-à-dire qu'ils ont une signification, puisqu'ils doivent être rapportées à quelque chose, à ce référent stable qu'est le monde. La compréhension des signes et la signification du langage relèvent d'un apprentissage et de l'éducation, c'est-à-dire d'un tâtonnement. Si les enfant appellent tous les hommes papa, comme le souligne avec amusement Alain dans ses *Éléments de philosophie*[2], c'est parce qu'ils essaient des signes avant de les comprendre et que, d'une certaine manière, ils parlent avant de penser.

La possibilité de penser le monde et d'en parler vient donc du monde lui-même en lequel s'effectue la transmission du langage, en lequel s'opèrent des pratiques linguistiques. Le monde de l'homme est originairement un monde de la signification. A l'enfant on indique la chose-arbre en même temps que sa signification. Et la chose en tant qu'elle est dite est déjà une chose de l'homme, elle est comprise par le langage. C'est pourquoi parler est un artefact, un produit des hommes, mais des hommes en tant qu'ils s'inscrivent dans une communauté, en tant qu'ils partagent une même réalité. L'activité de penser est au langage ce que les hommes sont à leur milieu. La parole, comme la pensée, n'est donc pas innée, mais culturelle, elle ne peut naître que dans la société. Seule la culture permet aux hommes d'accomplir la destination qui est la leur, à savoir faire usage de la parole[3]. Nécessité de penser à l'intérieur du langage, impossibilité de parler en dehors du monde, voilà qui résume assez bien le

---

[2] Alain, *Éléments de philosophie,* Paris, Gallimard, coll. « Folio/Essais », « De l'acquisition des idées », 1941.

[3] Telle est l'idée qui traverse toute l'histoire de la philosophie. Lorsque Aristote pose que « l'homme est par nature un animal politique » (cf., *Politique*, I,), en précisant l'antériorité de la Cité, il souligne que la fin naturelle de l'homme est son actualisation, son humanisation, dans une communauté. L'homme obéit donc à un paradoxe : il est par nature un être de culture. Dans notre modernité philosophique, Johann Gottlieb Fichte ira même plus loin en affirmant que « l'homme, seul, originairement n'est absolument rien. Ce qu'il doit être, il lui faut le devenir » (cf., *Fondement du droit naturel*, P.U.F., p.95). Le caractère propre de l'homme consiste donc dans son éducabilité, sa perfectibilité, dans son élévation à la culture. Autre paradoxe : le propre de l'homme est de n'avoir pas de propre, puisqu'il doit se faire, ce qui est son seul caractère propre.

lien intime qui unit l'homme à son environnement. Refuser d'admettre la contextualisation, l'enracinement en un monde, c'est, en un même mouvement, détruire le monde et anéantir l'individualité. Car la relation au monde est constitutive de toute subjectivité, de toute identité. Elle est à l'origine de la formation du moi. Aussi faut-il préciser : le monde de l'homme est celui de la relation, de la relation intersubjective. L'objectivité ne peut donc être atteinte qu'à plusieurs, au sein d'un même univers homogène et invariant. L'objectivité ne peut se penser que par évitement de toute conception solipsiste du sujet.

Dans une telle perspective, traiter la question du monde, chez Berkeley, peut paraître une gageure, tant celui-ci n'a eu de cesse d'insister sur l'absurdité que constitue toute conception de l'extériorité. On ramène en effet volontiers la philosophie de Berkeley à ceci : il n'y a pas d'extériorité absolue ni de substance-monde, mais rien qu'une existence au-dedans du sujet intramonadique. Car les choses n'existent pas hors de l'esprit, elles ne possèdent pas d'indépendance radicale hors du sujet : elles lui sont relatives, dépendantes et immanentes, elles ne sont telles qu'en tant qu'elles sont unies à l'esprit. Cela ne conduit pas à ce que les choses soient moi, car il n'y a pas d'identité ontologique entre les choses et l'esprit. Les choses sont *pour moi*, pour cet être qui pense et sent. En ces conditions, pour penser la différence entre le sujet et l'objet, une difficulté redoutable apparaît et qui tient à l'absence de tout caractère transcendant du monde. Comment en effet dissocier l'intérieur et l'extérieur, l'immanence et la transcendance, s'il n'existe pas une dimension de la subjectivité qui consiste dans la nécessité du rapport au monde ? Comment empêcher la dissolution du sujet dans l'objet, comment préserver l'identité du moi, dès lors que ce que je perçois, loin d'être un monde *situé* au-dehors de ma représentation, loin d'être cette épaisseur qui me fait face et me résiste, se trouve tout entier résorbé en la conscience ? Problème sérieux, on en conviendra, si l'on envisage la philosophie de Berlekey sous l'angle réducteur d'un pur immanentisme pour lequel il y a une primauté du sujet percevant. Outre le réquisit massif, et peut-être même trop convenu, qui consiste, comme l'a voulu la tradition, à réduire la pensée de Berkeley à un immanentisme strict, il appartiendra à ce travail d'interroger la manière dont Berkeley entend dissiper le problème du monde et, corrélativement, celui du solipsisme. Car, s'il est vrai qu'au sein même de sa philosophie il y va d'une primauté du sujet percevant sur l'objet perçu, il importera de questionner la manière dont Berkeley articule le sujet à la réalité extérieure. Comment préserver les propriétés du sujet, c'est-à-dire se garder de sa dilution prochaine dans le monde, tout en laissant à la réalité son caractère distinctif d'au-delà ? -, telle est la question centrale qui servira de fil conducteur à notre recherche.

En outre, l'importance d'une telle interrogation se trouve singulièrement renforcée par le fait que la question de la perception peut être envisagée selon deux perspectives opposées :

- D'une part, percevoir, c'est s'ouvrir à la réalité telle qu'elle est, à cette réalité qui me précède et m'excède. C'est accéder au monde en lui-même sans que ma représentation en modifie le continu. Telle est la conviction du sens commun.

- D'autre part, percevoir, c'est faire l'épreuve de la réalité, c'est-à-dire accéder au monde à travers un sentiment. Le monde que *je* perçois traduit en fait rien de moins qu'un état de moi-même, rien de moins que la « mienneté » du perçu.

Mais chacune de ces perspectives n'est pas sans aboutir à une difficulté majeure, et il nous faudra nous demander comment Berkeley s'acquitte du problème de la perception. En effet, si, d'un côté, la perception se ramène à la fidélité passive au donné tel qu'il se donne en lui-même, il s'agit alors de déterminer en vertu de quels principes s'opère l'accord entre le sujet et l'objet, entre le moi et son autre, entre ce que je suis et ce qui m'est, dans sa consistance et son antinomie, tout à fait étranger. Autrement dit : qu'est-ce qui fait la correspondance, la coïncidence entre ce que j'appréhende et ce qui est appréhendé *là-bas* ? Si, d'un autre côté, le monde se réduit à l'expérience sensible et immédiate que j'en fais, il convient alors de se demander comme atteindre le monde en soi à partir de soi, comment aller au-delà de cette réalité qui est nécessairement la mienne puisqu'elle n'existe comme telle que pour une conscience qui se la *re-présente*[4]. Dans une telle perspective, le réel s'identifie à l'ensemble de mes vécus ou états de conscience, et c'est la conscience qui fait venir à l'existence le monde, non pas en le créant, mais en le révélant à lui-même. Par là, l'apparaître se trouve singulièrement soumis à la manière dont le sujet percevant se le représente, car, sans moi, il n'y aurait aucun savoir du monde. Celui-ci sommeillerait   éternellement.
Enfin, de cette alternative, de cette antinomie de la perception dérive un double danger qu'il convient de relever. En envisageant en effet la perception comme la reproduction fidèle et passive de l'objet, on court le risque de basculer dans l'illusion d'un réalisme naïf, pour lequel la perception est le moyen parfaitement adéquat d'accès au donné « brut », c'est-à-dire tel qu'il est réellement et indépendamment des organes des sens. Autant voudrait dire que percevoir est un acte de perception conforme au réel, mais avec cette nuance qu'il est un acte sans acteur, un acte qui ne repose sur l'intervention d'aucune subjectivité. Nous ne pouvons évidemment

---

[4] Pour un examen de cette question, on consultera l'éclairant essai sur le sensible de R. Barberas, *La perception*, Éditions Hatier, et notamment p.4, où il est question du problème de la perception tel qu'il a été posé par la tradition philosophique : « Comment puis-je, à partir d'états subjectifs, immanents, et donc relatifs, accéder à ce qui repose en soi-même et n'est relatif qu'à soi-même ? Comment du vécu peut-il bien rejoindre cette chose spatiale qui lui est foncièrement étrangère ? ».

souscrire à une pareille conception, sauf à nous illusionner nous-mêmes, puisque de toute façon le réel n'est jamais transparent (comment pourrait-il l'être ?), en raison de ce qu'il est nécessairement et toujours senti. En revanche, de ce réalisme naïf, il ne s'agit pas de se détourner pour épouser, à l'opposé, un perspectivisme aussi sommaire et répandu, qui insiste sur l'idée de la relativité dans la mesure où il procéderait de la conscience. On voit le monde à travers notre conscience, à travers soi, et il existe autant de mondes qu'il y a de consciences pour les voir. Le monde n'est tel qu'en tant qu'il est subordonné à une vision ou à un regard, telle est la conviction du perspectivisme. Ou encore, variante analytique : chaque langue détermine une perception du monde, chaque structure syntaxique est génératrice d'un sens particulier de l'objet. En expliquant la nombreuse pluralité des mondes par la variété des sujets qui perçoivent, le perspectivisme reconduit la légende d'un relativisme déconcertant, et il interdit, par là même, l'accès à toute forme d'objectivité. L'objectivité elle-même se trouve par avance discréditée, elle se voit d'emblée dépourvue de toute valeur, au nom de la volonté de recentrer la vérité sur le seul et limitatif point de vue du sujet qui tantôt interprète, tantôt sélectionne le donné. En ces conditions, l'idée de neutralité et surtout l'idée même d'accord se voient rigoureusement frappées d'illégitimité[5].

Si donc le sujet est ce lieu d'où est appréhendé le monde, si tout ce qui existe est tenu sous sa coupe, comment précisément se construit l'objectivité ? Même plus : en l'absence de quelque chose ou d'un résidu partagé, comment se constitue un monde commun ? Certes, peut-être que partout le monde possède l'empreinte indéfectible de l'englobante multitude des points de vue. Mais reste que ce monde revêt en lui-même quelque chose comme un ordre, une cohérence intrinsèque, sans quoi rien n'y serait repérable ni discernable, sans quoi on serait dans l'incapacité de parler *du* monde. Comment donc dépasser l'antinomie de la perception, voilà l'ultime question qui occupera notre travail sur la philosophie de Berkeley.

---

[5] Sur le modèle de la philosophie de Gottfried Wilhelm Leibniz, Alain Renaut a précieusement souligné ce qui constitue le problème central du monde, quand celui-ci est fondé sur l'individualité : « Dans un cadre monadologique, où il n'existe que des esprits, clos sur eux-mêmes et séparés les uns des autres, la difficulté est en fait de comprendre (si l'on veut préserver une intelligibilité du réel) comment, à partir de ces fragments d'intelligence produisant d'eux-mêmes tout ce qui leur advient, se constitue *un monde* : comment en effet parler ici d'*un* monde, d'*une* objectivité, et non pas plutôt (comme ce sera le cas chez Friedrich Nietzsche) d'une multiplication à l'infini du monde par les perspectives prises sur lui ? », dans *L'Ère de l'individu*, Gallimard, 1989, p.54. La condition de l'objectivité et, partant, de la vérité requiert donc un *accord* entre les substances individuelles séparées.

Première partie :
Le monde introuvable

Mais ce qui fait qu'il y en a plusieurs qui se persuadent qu'il y a de la difficulté à le connaître [Dieu], et même aussi à connaître ce que c'est que leur âme, c'est qu'ils n'élèvent jamais leur esprit au-delà des choses sensibles, et qu'ils sont tellement accoutumés à ne rien considérer qu'en l'imaginant, qui est une façon de penser particulière pour les choses matérielles, que tout ce qui n'est pas imaginable leur semble n'être pas intelligible[6].

---

[6] Descartes, *Discours de la méthode*, IV, dans *Œuvres philosophiques*, Tome I, Paris, Classiques Garnier (éd. Ferdinand Alquié),1993, p. 609.

Chapitre I :
La primauté de la pensée

L'objet de la perception sensible ne va pas de soi. Ordinairement, on accorde à la perception la propriété de donner accès à l'extériorité, d'ouvrir à un monde extérieur possédant son autonomie. Jamais nul ne doute que dans la perception nous sommes placés devant des corps extérieurs les uns aux autres et extérieurs à nous-mêmes. Bien au contraire, avons-nous la certitude que ce que nous percevons préexiste à notre regard et résiste à notre investigation. Seuls les fous croient avoir affaire à la réalité quand ils ne voient que des objets produits par le dérèglement de leur imagination.

Le monde, lui, ne souffre d'aucun dérèglement, d'aucun manque. Il est tout ce qu'il est, plein et entier. Sa variété et son épaisseur nous précèdent. Il est ce qui nous excède, ce quelque chose qui est placé, *là-bas*, et qu'on ne saurait rejoindre tout à fait. En un mot, il se caractérise par le *il y a*, par l'énoncé emblématique qui constate sa présence : il y a quelque chose et non pas rien.

Et pourtant, le monde est aussi l'objet même du doute. Il ne peut pas tomber sous le coup de nos interrogations pressantes quant à sa nature et à son origine. Il ne peut pas échapper à une certaine dépendance dans la mesure où il n'a de sens que si un sujet le tient, le soutient, le contient. Sans support subjectif, le monde s'évanouit. La conscience est ce qui met au jour l'existence d'un environnement extérieur, est ce qui implique qu'il y ait monde. Le mode d'être du monde consiste dans la relation à autre chose que lui, un sujet, qui le révèle. Ce paysage n'existe que parce que je le regarde, qu'en tant qu'il est regardé. Sans moi, il sommeillerait. Certes, peut-être existe-il toujours indépendamment de mon regard. Mais sans le support d'un regard, il n'existe pour personne. De là vient la nécessité pour des Comédiens de se présenter sur scène et de s'y exposer aux autres. L'existence se donne par le regard.

Le geste caractéristique de George Berkeley est d'avoir insisté sur le fait que *l'autre*, dans son altérité, dépend de mon être. Le monde est ce qui se révèle comme dépendant de moi, comme investi par ma conscience elle-même. La conscience n'est pas vide de tout contenu, elle n'est pas une pure forme vide à la manière de la conscience universelle de soi chez Georg Wilhelm Friedrich Hegel. Elle est ce par quoi et dans quoi est rendu possible le surgissement du monde. En dépit donc de son autonomie et de sa consistance, le monde est, selon Berkeley, tout relatif. Non pas en un sens qui conduit à penser qu'il y a autant de mondes qu'il existe de consciences pour les voir, mais parce que son existence, sa possibilité même est liée au fait d'être perçue. Il ne faut donc pas en conclure, dans la perspective qui est celle de Berkeley, à un relativisme. Dire qu'on voit nécessairement le monde à travers soi, par soi, c'est signifier que la conscience produit un effet sur la réalité qu'elle n'est pas et qu'est le monde. En produisant cet effet, elle agit de telle manière qu'elle fait de ce monde quelque chose qui est *pour elle* : ce monde qui n'est pas moi semble être fait pour moi. Tout ce que je perçois – la diversité de mes représentations – est tenu sous ma dépendance dans l'exacte mesure où c'est de moi que dérivent tous les phénomènes, non pas parce que j'en suis l'auteur, mais parce que je me les représente et les comprends en mon esprit. Ceci est clairement affirmé par Berkeley au §6 des *Principes de la connaissance humaine*, I :

« Il y a des vérités si proches de l'intelligence et si évidentes qu'il suffit d'ouvrir les yeux pour les voir. Telle est, à mon avis, cette importante vérité que tout le chœur des cieux et tout le contenu de la terre, en un mot tous les corps qui composent le puissant système du monde, ne peuvent subsister sans un esprit ; que leur *existence*, c'est d'être perçus et connus ; que par suite, aussi longtemps que je ne les perçois pas effectivement, et qu'ils n'existent ni dans mon intelligence, ni dans celle de quelque autre esprit créé, ou bien ils ne doivent aucunement exister, ou bien ils doivent continuer d'exister dans l'intelligence d'un Esprit éternel : car c'est parfaitement inintelligible, et cela enferme toute l'absurdité de l'abstraction, d'attribuer à une seule partie d'entre eux une existence indépendante d'un esprit. [Pour en être convaincu, le lecteur n'a besoin que de réfléchir, et de tenter de séparer dans ses propres pensées l'être d'une chose sensible de sa perception][7].

La philosophie de Berkeley semble donc se présenter comme une ontologie du pensable, une science du cogitable, et cela parce qu'il y va d'une primauté de la pensée sur les objets auxquels elle s'applique. Bien plus : en assimilant le perçu à l'ensemble des représentations du sujet, Berkeley manifeste par là sa tendance à l'immatérialisme, son refus même de la substance matérielle : ce qu'on vient de dire montre évidemment qu'il n'y a pas d'autre substance que *l'esprit* ou ce qui perçoit[8].

Sur la base d'un tel conception, il apparaît qu'être et penser ne sont pas donnés dans une différence irréductible. Ce que je pense n'est pensé qu'à la condition de pouvoir être représenté. Cette chose-là, par exemple, cet arbre, quoique autre que moi, apparaît toutefois comme possédant au moins une détermination de la pensée. L'arbre, c'est du pensable. L'arbre apparaît à la pensée comme se rapportant à elle,

---

[7] George Berkeley, *Principes de la connaissance humaine*, I, §6, *dans Œuvres choisies*, Tome I, Paris, Aubier (éd. bilingue, tr. André Leroy),1944, p. 211-213.
[8] *Ibid.*, §7, p. 213.

il possède les propriétés du je pense par cela seul qu'il est visé par lui. Dans une telle perspective, les choses ne sont telles qu'en tant qu'elles s'identifient à moi-même, les choses se constituent dans une homogénéité et une coïncidence à soi. Tout semble donc indiquer qu'il y a là une équation entre la pensée et l'être.

Nous pouvons, dès lors, poser comme point de départ de notre analyse que ce qui semble caractériser la philosophie de Berkeley, c'est la volonté de marquer que la pensée découvre en l'être sa propre essence. La pensée se découvre comme conscience de soi particulière des objets, et comme actualisation de ce qui est. Ce que nous connaissons, ce qui nous est donné dans la connaissance, c'est finalement nous-mêmes. D'après Kant, la pertinence de « l'illustre » Berkeley, selon son mot, résidera même là : nous ne connaissons *a priori* des choses que ce que nous y mettons nous-mêmes. Si l'on envisage l'existence sous l'aspect de la représentation, toute chose existant hors de l'esprit doit être tenue pour impossible et contradictoire :

[…] C'est une contradiction manifeste qu'une idée existe dans une chose non pensante ; car avoir une idée ne diffère pas de percevoir : par suite le je ne sais quoi où existent couleur, forme et les qualités semblables, doit les percevoir. Il est donc clair qu'il ne peut y avoir de substance ni de *substrat* non-pensants de ces idées[9].

Toutes les choses sont dans le représentant qui les pense et les perçoit. Le principe de l'être, c'est la pensée elle-même[10]. Relevons une conséquence importante : le sujet ne saurait être affecté par une chose matérielle, extérieure et distincte. Le caractère propre de la chose tient au fait qu'elle est tout entière idéalisable. Exister, pour la chose, c'est se faire révéler exister, c'est référer à quelque chose d'autre. Le monde n'existe pas en tant que substance séparée de moi qui le perçois. Rien de réel n'existe sans moi.

Il y a donc une liaison fondamentale entre les objets et la conscience, et cette liaison s'opère à l'intérieur même de la conscience. D'où la difficulté : si l'altérité se ramène à l'identité, si l'autre, c'est au fond moi-même, il convient de se demander comment

---

[9] *Ibid.*, §7, p. 213.

[10] Dans ses *Leçons sur l'Histoire de la Philosophie*, Paris, Vrin, Tome 6, pp. 1664-1674, Hegel a attiré l'attention sur l'identité, chez Berkeley, entre le penser et l'être : « Berkeley professait un idéalisme très proche de celui de Malebranche. Face à la métaphysique de l'entendement, on voit apparaître cette idée que tout étant et ses déterminations est quelque chose de senti, de formé par la conscience de soi. Sa pensée maîtresse originale est celle-ci : "L'être de tout ce que nous appelons une chose est son être-perçu". Ce dont nous avons connaissance, ce sont nos déterminations. […] Berkeley admet la différence de l'être-pour-soi et de l'être-autre, mais cette différence tombe elle-même dans le moi. […] Berkeley appelle l'"autre" objets (*Objekte*) ; mais ceux-ci ne peuvent pas être ce que nous appelons matériel, esprit et matière ne peuvent se réunir ». Hegel estime donc que, chez Berkeley, l'être trouve son fondement dans le sujet, dans son organisation particulière. Ce qu'il y a de commun entre les choses, ce sont leurs déterminations cogitatives.

il est possible de sortir de soi, comment il est possible de connaître le monde tel qu'il est. Si c'est dans et par soi qu'on saisit le monde, ce qu'est le monde en lui-même, nul ne peut le savoir. Toutes les fois que l'on pense le monde, on ne le pense pas indépendamment de soi. C'est dire combien la conscience ne peut s'annuler derrière ce dont elle a conscience, combien on ne peut avoir conscience sans conscience. Penser le monde, c'est le viser, c'est le penser *à partir de soi*. La coupure entre soi et l'autre que soi, entre le même et le différent, est éminemment problématique[11]. Le réel n'est pas l'en-soi. Il porte en fait l'empreinte indéfectible de la subjectivité, de cette instance qui reconnaît le réel comme *son* monde. La vérité du monde ne se détache pas de la conscience qui l'élabore. Le monde est donc, il faut y insister, nécessairement adossé à une visée ou vision du monde.

Mais si la conscience se révèle comme visée d'un monde, on pourrait alors être tenté d'en conclure que ce qui la caractérise, ce n'est rien de moins qu'une faculté de transcendance, et qu'elle ne saurait avoir de contenu, tout étant dehors. En réalité, tel n'est pas le cas. Rien n'interdit en effet de penser, du moins selon le point de vue qui est celui de Berkeley, que ce monde visé, en tant qu'il est l'ensemble des apparitions de la conscience, ne se distingue nullement de nos représentations et que, par conséquent, ce qui constitue le représenter renvoie moins à une propriété de l'objet, qu'à un élément de la conscience. Dès lors, ne sommes-nous pas en présence d'une conception solipsiste du sujet dont le schéma serait hérité de René Descartes ? Qu'en est-il du statut de la subjectivité chez Descartes ?

Pour l'auteur des *Méditations métaphysiques*, il semble qu'il y ait, dans l'acte même de penser, quelque chose comme une intériorité ou une intimité de la pensée à elle-même. La conscience se trouve comme isolée, elle se constitue comme immanence à soi. Le *cogito* est originairement une pensée transparente à elle-même, un soi qui se possède lui-même dans la réflexion. Il s'identifie à une pure coïncidence à soi. En effet, chez Descartes, la subjectivité se pense elle-même hors de toute référence au monde. Cela signifie non seulement que le sujet est pensable sans le monde, mais encore que le monde, si monde il y a, n'est pas pensable sans le sujet. Le primat est accordé à la toute-puissante subjectivité qui s'assure elle-même à partir de soi. Le monde enregistre, par *l'epokhé*, une sérieuse et radicale mise en doute. Il ne peut donc y avoir de monde que pour un *ego*. De même, il ne peut y avoir *d'alter-ego* que pour un *ego*. Il s'agit de prendre en compte la priorité et l'unilatéralité du *Cogito*

---

[11] Sur la difficulté qu'il y a à connaître le monde en lui-même, on peut se reporter à l'ouvrage de Francis Wolff, *Dire le monde*, Paris, PUF, 1997, et notamment aux pages 6-7 et 12 : « Si loin que j'essaie de penser hors de ma conscience, je suis toujours en elle. […] Nous sommes dans la conscience ou dans le langage comme dans une cage transparente. Tout est dehors mais il est impossible d'en sortir. La clarté qui émane d'elle permet de voir tout ce qui est à l'extérieur, éclairé sous un même jour, mais à l'intérieur il n'y a rien à voir que la lumière même qui s'y réfléchit ».

par qui et pour qui il y a monde. Sens, vérité et valeur se fondent désormais sur la subjectivité.

Si donc la liberté du sujet consiste dans une faculté de rassemblement, dans le pouvoir de se ramasser par-delà tout ancrage dans le monde, dans une totale transparence à soi (moi = moi), il suit de là que le sujet s'identifie comme soi selon une non-ouverture, une non-transcendance, une a-relation au monde. Le sujet cartésien est un sujet sans monde, désengagé, qui n'est nullement installé dans une histoire. L'isolement suffit à son être en ce sens qu'il n'a aucunement besoin, pour être, de se rattacher à autre chose qui le constituerait comme tel. Il n'a absolument pas besoin d'autre chose que de lui-même, puisqu'il est toujours déjà quelque chose, une « *res cogitans* ». Il n'y a pas d'intrication du sujet et du monde, et le solipsisme est la position originaire de la conscience. La pensée ne porte aucun rapport au monde, aucune médiation[12].

Avec Descartes, se constitue déjà l'idée que le monde ne se manifeste pas tel qu'il est en lui-même, mais selon un système de codage du sentir. Les corps tels qu'ils m'apparaissent ne ressemblent pas en fait à ce qu'ils sont. Ils semblent être ce qu'ils ne sont pas. Le sensible est soumis aux lois d'un codage des sens. Étant tout entière réductible à l'étendue, ayant une dimension fondamentalement spatiale, la matière est ce qui se dit seulement en termes de figure, grandeur, mouvement. Dès lors, les qualités non spatiales, c'est-à-dire sensibles, comme les couleurs, les saveurs, les odeurs, la température, etc., ne sont pas des qualités substantielles aux choses. Elles ne sont pas inhérentes aux choses, mais elles doivent toutes être rapportées aux modes d'apparaître de la chose. Autrement dit : nos manières de sentir ne nous font pas voir la chose comme elle est substantiellement, mais elles la manifestent comme objet, c'est-à-dire pourvue de qualités sensibles.

Apportons ici quelque précision, tant il est important d'écarter tout malentendu. A cette fin, nous proposerons la terminologie suivante : l'objet n'est pas la chose. L'objet d'un cours ou celui d'une visite ne désignent pas une chose. De même, adresser une objection à quelqu'un n'a rien d'une chose. Le propre de l'objet paraît consister dans une intention, dans un acte de l'esprit. Le propre de l'objet est ce que

---

[12] Tel est du moins ce qu'en a retenu la tradition, et on peut en trouver un éclatant écho chez Maurice Merleau-Ponty, dans *Phénoménologie de la perception*, Paris, Gallimard, coll. « Tel », 1976, Avant-Propos, pp. III et IV. : « Descartes et surtout Kant ont délié le sujet ou la conscience en faisant voir que je ne saurais saisir aucune chose comme existante si d'abord je ne m'éprouvais existant dans l'acte de la saisir, ils ont fait paraître la conscience, l'absolue certitude de moi pour moi, comme la condition sans laquelle il n'y aurait rien du tout et l'acte de liaison comme le fondement du lié. [….] Les relations du sujet et du monde ne sont pas rigoureusement bilatérales : si elles l'étaient, la certitude du monde serait d'emblée, chez Descartes, donnée avec celle du *Cogito*, et Kant ne parlerait pas de « renversement copernicien ».

nous visons, ce que nous objectons. Dans cette perspective, il n'est donc pas contradictoire de poser que l'objet soit par définition subjectif. L'objet est construit. Il est le résultat d'une constitution par le sujet. L'objet est l'objet d'une synthèse ou d'une construction subjective. Telle semble être la distinction que met en place René Descartes dans la Règle XII des *Règles pour la direction de l'esprit*. Avoir un regard objectif sur les choses revient à ne retenir des choses que ce qui est certain. Ce qui est certain, c'est que les qualités sensibles ne leur sont pas intrinsèques. Ce qui est certain, c'est que l'essence de chaque chose, c'est son objet rapporté à l'étendue[13]. L'objet d'une sensation, c'est la chose appréhendée objectivement, en connaissance de cause, c'est-à-dire en sachant que la sensation se règle sur un système d'interprétation codé qui nous montre l'objet comme chose. La première tâche de la philosophie est d'apercevoir que les modes d'apparition du monde sont *sous condition*. L'erreur ou l'errance de ceux qui ne pratiquent pas la philosophie, ce n'est pas qu'ils confondent par exemple le rouge et le bleu, mais c'est qu'ils ne savent pas que le rouge, ainsi que le bleu, est un *effet de phénoménalité*. La sensation de rouge ne ressemble pas à ce dont elle est rouge. La chose ne ressemble pas à l'objet. La vérité de toute présentation (= chose) est une représentation (= objet), c'est-à-dire un renvoi à l'*ego*. Par où l'on voit que, si Descartes a accordé une prééminence aux mathématiques, c'est bien parce qu'elles permettaient, selon lui, de saisir la vérité des choses qui n'est pas dans les choses. Les objets des mathématiques sont proprement des objets, ils n'existent pas dans le monde. La vérité du monde n'est pas dans le monde, mais dans le sujet qui l'élabore. Ainsi y a-t-il un écart fondamental entre l'objet et la chose, entre le certain et le douteux, entre le connaissable et l'indéterminé. Ce qu'on connaît mal et qu'on croit trop bien connaître doit être réduit à l'évidence de l'objet. La subjectivité est donc au cœur de la connaissance, au centre de la vérité du monde. C'est elle qui nous fait connaître

---

[13]Voici ce qu'écrit René Descartes, dans la règle XII des *Règles pour la direction de l'esprit* [*Regulae*], Paris, Éditions Classiques Garnier / F.Alqué, tome I, p.136-138. quant au système de codage des sens : « Il faut donc se représenter, en premier lieu, que si c'est par une action (plus précisément, par un mouvement local) que nous appliquons nos sens externes aux objets, il reste qu'en tant que parties du corps, ils ne sentent tous, à proprement parler, que par une passion, comme la cire qui reçoit du cachet sa configuration. Et l'on ne doit pas croire qu'il s'agisse ici d'une simple analogie ; il faut se représenter de la même manière exactement la modification réelle, par l'objet, de la configuration externe du corps sentant, et la modification, par le cachet, de la configuration superficielle de la cire. Il faut adopter cette représentation, non seulement lorsque nous percevons au contact de quelque corps sa forme, sa dureté ou sa rugosité, etc., mais aussi lorsque nous sentons au toucher la chaleur, le froid et choses semblables. Il en est de même pour les autres sens [...] Quel inconvénient y aurait-il dès lors, si [...] nous faisions, sans rien nier de ce qu'ont pu penser les autres de la couleur, abstraction de tout en elle, sauf de ce qui possède la nature d'une figure, et si nous nous représentations la différence qui sépare le blanc, le bleu, le rouge, etc., comme celle qui sépare [des] figures ».

l'objectivité du monde. Ce qui est objectif relève d'un acte subjectif.

Dans ces conditions, s'il est un legs de René Descartes à George Berkeley, il doit pouvoir être identifié à la primauté de la pensée sur le monde matériel, à l'antériorité du connaissant sur le connu. Ce qui est digne, selon Berkeley, de recevoir le titre de substance n'est rien d'autre que l'esprit qui est essentiel par rapport aux choses. Ce que Descartes découvre comme première vérité, à savoir la vérité du *je pense*, est assumé par Berkeley comme la seule réalité pensable et cohérente au titre de sa conformité avec la seule raison : seuls l'esprit (*mind*) ou l'âme (*spirit*) peuvent prétendre à la dignité de substance en raison de ce qu'ils perçoivent. Exister, c'est posséder un contenu représentatif. Ce qu'un sujet perçoit n'existe pas par lui-même, mais seulement en tant qu'il est perçu. Le perçu n'existe pas hors de l'esprit, sans quoi il ne serait pas perçu, mais percevant. Ce pourquoi Berkeley s'autorise à poser, selon l'ordre logique, qu'il n'y a de réalité que spirituelle : il convient de ne pas confondre le représentant et le représenté, et de ne pas se méprendre sur le statut ontologique de l'un et de l'autre. Parce que le perçu ne peut rien se représenter, il ne saurait être substance.

Mais dans la mesure où l'existence tient à l'esprit qui se représente quelque chose, la conséquence immédiate est que le monde se donne alors sous la modalité de l'inessentiel. Voilà qui est déjà problématique : comment en effet peut-on se sentir essentiel par rapport aux objets du monde qu'on n'a pas créés ? Si ces objets étaient les produits de l'art, sans nul doute. L'activité productrice de l'artiste paraît en effet essentielle, du moins dans la conception de l'art d'aujourd'hui, par rapport à ses œuvres. Mais les objets de la perception ne sont pas des produits de l'art. On ne les crée pas. Ils nous sont donnés. Ce qu'il convient donc de préciser ici, c'est que l'essentialité du sujet sur le reste vient de ce qu'il est, comme chez Descartes, le fondement de la vérité du monde. Pas le fondement absolu, tant s'en faut, mais celui de l'existence en tant qu'elle se fonde sur la relation à un support subjectif. Le sujet ne crée pas la vérité, il la découvre comme conforme à sa rationalité.

Toutefois, lorsque Berkeley énonce le principe philosophique selon lequel « l'existence, c'est d'être perçu, ou percevoir, ou vouloir, c'est-à-dire agir »[14], il va plus loin que Descartes. Il fait enregistrer au monde matériel une sérieuse disqualification. Celui-ci dépend dans son être d'autre chose. Sa réalité est médiée, elle passe nécessairement par ce support qu'est l'esprit. L'existence extérieure n'est pensable qu'à la condition qu'elle ait sa raison d'être en autre chose. Le fondement de l'extériorité est extérieur à l'extériorité elle-même. Elle n'est pas auto-fondée.

---

[14] Voir George Berkeley, *Cahier de notes*, §436, *dans Œuvres choisies de Berkeley,* Tome I (éd. bilingue, trad. A. Leroy), Paris, Aubier, 1944, p.104.

Malgré l'apparence de truisme, ceci a une signification précise : ce que Descartes mettait en doute comme pouvant être l'objet d'une tromperie ou d'une incertitude est hissé par Berkeley au rang d'une néantité radicale. Il n'y a pas d'extériorité, il n'y a pas de substance matérielle, car ce n'est pas conforme à la raison, c'est contradictoire. Ceci est tout aussi clairement affirmé par Berkeley dans *Les trois dialogues entre Hylas et Philonous* :

« Y a-t-il jamais eu rien de plus rude ni de plus extravagant que les opinions que vous soutenez maintenant ? : n'est-il pas évident que vous êtes poussé vers ces extravagances par la croyance à la *substance matérielle* ? C'est elle qui vous fait rêver de ces natures inconnues en toutes choses. C'est elle qui vous porte à distinguer la réalité des choses de leurs apparences sensibles. C'est à elle que vous êtes redevable de votre ignorance de ce que tout autre homme connaît parfaitement bien. Et ce n'est pas tout : vous n'ignorez pas seulement la vraie nature de toute chose, mais vous ne savez pas s'il existe réellement quelque chose et s'il y a effectivement des vraies natures ; puisque vous attribuez à vos êtres matériels une existence absolue et extérieure, qui, admettez-vous, en constitue la réalité. Et, comme vous êtes forcé de reconnaître à la fin qu'une pareille existence est franchement contradictoire ou n'a aucune signification, vous êtes, par suite, obligé de jeter bas votre propre hypothèse d'une substance matérielle et de nier radicalement l'existence réelle de toutes les parties de l'univers. C'est ainsi que vous vous trouvez plongé dans le scepticisme le plus profond et le plus déplorable qu'aucun homme ait jamais vécu »[15].

Et plus loin : « oui, c'est infiniment plus extravagant de dire – une chose qui est inerte agit sur l'intelligence ; ce qui ne perçoit pas est la cause de nos perceptions, [sans aucun égard soit à la cohérence de la pensée, soit au vieil axiome bien connu, *aucune chose ne peut donner à une autre ce qu'elle ne possède pas elle-même*][16].

Aussi assistons-nous à une radicalisation du doute cartésien. Les raisons du doute cartésien sont en effet celles-là même qui motivent le rejet par Berkeley de l'extériorité. (*external existence*). On sait que le propre de la Ière *Méditation* de Descartes consiste à vouloir trouver un point de départ assuré, quelque chose comme une première vérité métaphysique, et, à cette fin, Descartes révoque tout ce qui n'est pas su avec certitude. Tout ce qui n'a pas le statut de certain est révoqué comme douteux, et tout ce qui est douteux comme faux. Selon une telle logique du doute, Descartes soupçonne donc tout fondement. Il ira même jusqu'à hyperboliser le doute sceptique au moyen d'un argument destiné à ébranler définitivement les

---

[15], Cf., *Dialogues III*, Paris, Éditions Aubier, trad. A.Leroy, tome II, p.139.
[16] *Ibid.*, p.155.

natures simples matérielles. Cet argument, qui est lié à l'idée de toute-puissance, consiste à poser l'hypothèse la plus extrême d'après laquelle Dieu pourrait bien m'envoyer les images des choses en leur absence. L'idée d'un Dieu « qui peut tout », selon la lettre des *Méditations*, peut faire naître l'hypothèse selon laquelle Dieu pourrait me faire connaître intuitivement la chose cependant qu'elle est absente. Je pourrais connaître la chose alors même qu'elle n'existe pas en fait. La toute-puissance de Dieu est telle qu'Il pourrait substituer à la présence de la chose un fantasme. Il pourrait me faire sentir des corps sans qu'il me soit nécessaire de passer par mon corps propre[17]. En imaginant l'hypothèse la plus invraisemblable, Descartes attire en fait l'attention sur la difficulté qu'il y a à admettre l'existence *réelle* de l'extériorité. Dieu eût pu me présenter le monde en donnant à la chose un statut purement formel. C'est sur une telle hypothèse que la conception berkeleyenne de l'extériorité semble prendre appui. Le monde matériel est en effet décrit par Berkeley comme un néant d'idée, comme ce qui ne possède aucune réalité. La seule réalité du monde, c'est l'idée. Concevoir le monde sans qu'il soit constitué par des idées est un néant d'idée. Concevoir l'extériorité sans qu'elle me soit donnée par l'idée est contradictoire, insensé. Par où l'on voit que Berkeley établit donc une égalité entre l'extériorité absolue et le néant, parce que toute relation avec le monde requiert la médiation de l'idée. L'idée d'extériorité absolue est un néant d'idée. L'idée de néant n'est pas une idée. Le néant n'est pas, et ce qui n'est pas ne saurait m'affecter. Citons le texte qui nous semble faire référence à l'hypothèse cartésienne mentionnée ici :

« Bref, s'il existait des corps extérieurs, nous ne pourrions jamais parvenir à le savoir ; et s'il n'y en avait pas, nous aurions exactement les mêmes raisons de croire à leur existence que nous en avons actuellement. Soit cette hypothèse dont personne ne peut refuser la possibilité – une intelligence affectée, sans le secours de corps extérieurs, de la même suite de sensations ou d'idées que vous, imprimées dans sa pensée dans le même ordre et avec une vivacité analogue. Je demande si cette intelligence n'a pas, pour croire à l'existence de substances corporelles, représentées par ses idées et génératrices de ses idées dans sa pensée, toutes les raisons que vous pouvez avoir pour y croire ? On ne peut en douter. Cette seule considération suffirait à faire suspecter à toute personne raisonnable la force de tous les arguments qu'elle

---

[17] Sur le point qui nous occupe ici, voici le texte de Descartes : « Toutefois il y a longtemps que j'ai dans mon esprit une certaine opinion, qu'il y a un Dieu qui peut tout, et par qui j'ai été créé et produit tel que je suis. Or qui me peut avoir assuré que ce Dieu n'est point fait qu'il n'y ait aucune terre, aucun ciel, aucun corps étendu, aucune figure, aucune grandeur, aucun lieu, et que néanmoins j'aie les sentiments de toutes ces choses, et que tout cela ne me semble point exister autrement que je le vois ? », dans *Méditations métaphysiques*, Ière Méditation, dans *Œuvres philosophiques*, Tome 2, Paris, Éditions Classiques Garnier (éd.. F. Alquié), p. 408-409.

croirait posséder en faveur de l'existence de corps extérieurs à l'intelligence »[18].

Pour faire admettre la validité de l'hypothèse d'après laquelle on pourrait recevoir les images des choses à la place des choses elles-mêmes, Berkeley propose de montrer que cette hypothèse est d'emblée rejetée par le commun des mortels, et ce au nom d'une conclusion tenace et préétablie. En effet : de ce qu'on croit communément que les corps existent hors de nous, on déduit qu'ils existent *effectivement* hors de nous. Mais, en supposant l'hypothèse contraire, on en déduirait très exactement la même chose. En d'autres termes : les raisons de croire à l'existence de substances corporelles séparées sont sans raison, elles ne suffisent pas pour établir que ces substances existent réellement. Car même si on pouvait établir l'impossibilité de leur existence, cela ne permettrait pas d'ôter la croyance tenace en elles. Croire n'est pas savoir. Ce qui est douteux, ce n'est donc pas l'hypothèse de Berkeley, c'est la conclusion des gens sur ce qu'ils croient savoir le plus parfaitement. La force du raisonnement de Berkeley tient ici à ce qu'il cherche à ébranler les plus grandes certitudes. Par une sorte de raisonnement *a contrario* (du type : en supposant A et non A, on parvient indifféremment à B), il jette la suspicion sur la valeur de la conclusion. Celle-ci est indifférente aux hypothèses, elle ne part de rien, elle n'est fondée sur aucun principe. Ce qui est raisonnable (*reasonable*), c'est, au contraire, la définition de l'existence comme n'étant rien sans l'esprit *(without the mind)*.

---

[18] George Berkeley, *Principes*, I, *op. cit.*, §20, p. 225.

Chapitre II
La chose comme idée

La thèse de Berkeley selon laquelle les corps que nous percevons ne sont pas hors de l'esprit ne signifie pas que nous percevons les simulacres des choses en guise de la réalité. Les simulacres ne tiennent pas lieu des choses. Nous ne sommes pas trompés par les sens. Ceux-ci ne nous donnent pas accès à une réalité déformée. Ils nous ouvrent, au contraire, sur la réalité elle-même. Mais s'il est vrai que rien n'est sans l'esprit, il convient de se demander comment on peut sortir de soi. Le problème est alors celui du rapport de la pensée au monde. Si toutes les fois que je perçois quelque chose, je ne le perçois pas sans moi, il se peut bien que je sois seul, et que le monde soit simplement un ensemble d'images imprimées en moi. Rien ne me garantit que l'objectivité soit partagée, c'est-à-dire, au fond, que je ne sois pas au milieu d'un rêve. Si ce qui sépare la réalité du rêve, c'est que la première est publique et partagée, tandis que le second est privé est propre, il nous faut trouver, pour partager un même univers, un point d'ancrage par lequel on puisse sortir de soi. La condition de l'objectivité est le partage d'un même monde. Mais son obstacle, c'est l'intimité de la conscience qui exclut la relation. L'unité du monde a pour condition la relation entre les consciences, l'intersubjectivité. L'établissement de quelque chose comme *une* vérité suppose que le sujet se dégage des ornières du solipsisme. Mais précisément le sujet apparaît, chez Berkeley, comme prisonnier de la subjectivité et, de ce fait, il semble manquer le monde. La décision par Berkeley de faire voler en éclats la substance matérielle et de créditer l'âme seule de substance unique a pour conséquence d'esseuler le sujet. La décision ontologique d'accorder à l'esprit seul le statut de substance pose le problème redoutable de la communication des substances et celui non moins difficile du partage d'un même monde, ou du partage de quelque chose comme une vérité commune.

Le problème s'était déjà présenté à Descartes. Il n'est pas inutile d'observer en effet que, dans la IIIe *Méditation*, la préoccupation majeure de Descartes consiste à se demander comment il est possible de sortir de soi, c'est-à-dire de trouver des vérités objectives dont la valeur excède les cadres de la conscience. Partant de l'acquis du *Cogito* comme découverte du seul point de départ valable en ce qui concerne la recherche de la vérité, Descartes cherche à déterminer le fondement de la connaissance, il cherche à fonder les sciences comme les mathématiques et la physique, et même la religion et la morale. La découverte préalable à cette recherche est celle du *Cogito*. Ce qu'il découvre ici, c'est l'idée que c'est le sujet qui fera la science. On ne peut espérer rien connaître autrement que subjectivement. Ce qui est connaissable, c'est de toute façon le sujet qui peut le savoir. Quelles que soient la teneur et la valeur de la vérité, c'est à moi qu'il revient de la découvrir. Mais la découverte du *Cogito* est loin d'être suffisante. Dire que c'est moi qui ferai la science, c'est signifier que c'est à moi de résoudre son fondement. Mais ce n'est pas signifier qu'il n'y a de science que de soi. L'égologie n'est pas la seule science. Mais c'est par elle qu'on doit passer pour fonder toutes les autres. Autrement dit : dire que c'est moi qui ferai la science, c'est signifier que c'est *à partir de* moi qu'il faut découvrir le fondement de la connaissance. Je dois donc me constituer d'abord comme métaphysicien. Le rôle du sujet doit d'abord consister à se faire métaphysicien, c'est-à-dire à fonder la *Mathesis Universalis*. Le propre des autres disciplines est qu'elles ignorent leur fondement. La physique, par exemple, qui étudie les lois et le mouvement des corps ignore totalement ce qui fonde de telles lois et même ce qui assure l'existence des corps. Si les autres sciences ne sont pas adossées à la métaphysique, elles ne savent pas de quoi elles parlent. Elles ne traitent pas de leur objet dans la convenance à l'objet, en connaissance de cause. La métaphysique permet aux autres sciences de traiter *adéquatement* de leur objet. La vérité a un statut métaphysique, et celle-ci est la condition de la *Mathesis Universalis*.

C'est donc à partir de moi que je dois trouver le moyen d'établir le fondement de la connaissance. Je dois trouver par moi-même le moyen d'établir l'existence des corps hors de moi. Au début de la IIIe *Méditation*, nous sommes devant l'impossibilité d'affirmer leur existence. La vérité du *Cogito* ne permet pas d'établir celle des corps. Je dois donc à partir de moi sortir de moi. C'est intérieurement que je dois fonder l'extériorité, c'est là, au-dedans de moi, que je dois rejoindre le monde. Je dois sortir de moi. Mais, précisément, comment sortir de moi sans m'anéantir ? Et comment m'est-il possible de sortir de moi, d'aller au-delà de moi sans me retrouver moi-même ? Mais il n'en demeure pas moins qu'il me faut trouver un moyen, et celui-ci est identifié par Descartes à l'idée. Descartes s'attache à passer en revue les idées et à isoler celles qui lui permettraient de rejoindre le monde. N'y a-t-il pas en moi quelque idée qui ait une valeur objective ? Il me faut trouver une idée qui ait une valeur telle qu'elle puisse établir que ce dont elle est l'idée existe réellement. Il s'agit de déterminer une garantie. Dans la mesure où la IIIe *Méditation* souligne que les idées ont pour statut « comme les images des choses », il semble qu'elles aient pour fonction d'assurer la correspondance avec l'extériorité. Le propre des idées est de nous mettre en rapport avec ce dont elles sont les idées. Or les idées ne nous montrent pas *l'existence* des choses, elles ne nous montrent que ce qu'elles représentent, les propriétés des choses. L'idée n'est pas la chose, mais son contenu représentatif.

Dès lors, les idées ne semblent pas servir à ce pourquoi Descartes a eu recours à elles. Les idées restent des pensées. Les idées ne permettent pas de briser le solipsisme, excepté pourtant l'idée particulière de Dieu. Rien n'indique que l'élément représentatif de l'idée ait une dimension ontologique, sauf l'idée d'infini. La conception de la vérité comme rapport de l'idée à l'objet qu'elle représente, et comme présence de la chose par l'idée (théorie de l'adéquation) n'est valable que si elle est fondée sur l'idée d'infini. L'idée de Dieu n'est pas, en rigueur de termes, une idée, parce qu'elle ne possède pas simplement une dimension épistémologique, mais aussi une dimension ontologique. Pour connaître, il faut d'abord connaître Dieu par idée, puisque celle-ci a l'exclusivité de renvoyer à autre chose d'existant hors de nous. Le discours épistémologique de la méthode des vérités est subordonné au discours métaphysique qui fonde justement les conditions pour tenir le discours épistémologique. La valeur épistémologique de la méthode dépend de la prééminence de la valeur de la vérité de Dieu. Bien plus : à en juger selon le point de vue de Berkeley, la tentative de faire correspondre une idée à Dieu est assimilée par lui à du paganisme. En effet, toutes les idées réfèrent seulement à des choses ou sensations. Dans ces conditions, soutenir que nous pouvons accéder à la connaissance de Dieu par idée revient à faire de Dieu une chose, c'est-à-dire à nier l'existence de Dieu. Dieu ne se conçoit pas comme un corps, il ne se conçoit pas sur le modèle des chocs emprunté à la mécanique. Dieu est Esprit infini et ne saurait donc être assujetti aux lois de la nature. Nous pouvons illustrer notre propos par cet extrait, très net sur ce point, des *Dialogues* :

« Pour répondre à votre première question, je n'ai, à proprement parler, je l'avoue, aucune idée ni de Dieu, ni d'aucun autre esprit ; car ce sont des êtres actifs, que ne peuvent représenter des choses parfaitement inertes, telles que nos idées »[19].

Et Berkeley applique cette thèse, selon laquelle un esprit n'est pas un corps, à l'ensemble des esprits : « Mais, semble-t-il, rien n'a plus contribué à engager les hommes en des controverses et des erreurs au sujet de la nature et des opérations de l'intelligence que l'habitude d'en parler en termes dérivés des idées sensibles. Par exemple, on appelle la volonté le *mouvement* de l'âme : ce qui insinue la croyance que l'intelligence humaine est comme une balle en mouvement, lancée et déterminée par les objets sensibles aussi nécessairement que l'est la balle par le coup de raquette. C'est l'origine d'infinis scrupules et d'erreurs de dangereuse conséquence en morale »[20].

Le refus de Berkeley d'accorder la possibilité d'atteindre Dieu par idée est lié à la nature de l'idée. Soyons clair : que veut dire Berkeley lorsqu'il affirme que les idées

---

[19] George Berkeley, *Dialogues entre Hylas et Philonous*, IIIe Dialogue, *dans Œuvres choisies*, Tome II, Paris, Aubier, (éd. bilingue, trad. A. Leroy), p.145.
[20] George Berkeley, *Principes, I, op. cit.*, §144, p.347.

ne sont autre que les choses elles-mêmes ou sensations ? Le propre de l'idée, avons-nous vu, consiste à être perçue. Ce qui se donne dans la perception, ce sont des choses appréhendées subjectivement, c'est-à-dire des objets. La feuille de papier placée devant moi se donne à mon regard. Mais en tant qu'elle est liée à celui-ci, elle ne se manifeste pas indépendamment du fait d'être regardée. Elle ne se distingue pas sans mon regard. Les choses n'ont pas d'existence absolue, c'est-à-dire qu'elles ne subsistent pas par elles-mêmes, mais qu'elles existent par la médiation d'autre chose. Les choses sont perçues *immédiatement* par les sens, mais leur existence se constitue *médiatement* par l'esprit qui les perçoit :

« [...] La table sur laquelle j'écris, je dis qu'elle existe ; c'est-à-dire je la vois et je la touche : si j'étais sorti de mon bureau, je dirais qu'elle existe ; j'entendrais par ces mots que si j'étais dans mon bureau, je la percevrais ou qu'un autre esprit la perçoit actuellement. Il y avait une odeur, c'est-à-dire on odorait ; il y avait un son, c'est-à-dire on entendait ; une couleur ou une forme, on percevait par la vue ou le toucher. C'est tout ce que je peux entendre par ces expressions et les expressions analogues. Car ce que l'on dit de l'existence absolue de choses non pensantes, sans rapport à une perception qu'on en prendrait, c'est pour moi complètement inintelligible. Leur *existence* c'est d'être *perçues*[21], il est impossible qu'elles aient une existence hors des intelligences ou choses pensantes qui les perçoivent »[22].

Les choses sont toujours présentes, mais elles sont nécessairement présentes *à quelqu'un*. En ce sens, elles dépendent d'une spontanéité : rien de réel n'est en-deçà des consciences, aucune chose n'échappe à leur contrôle. Mais l'intimité de cette liaison ne signifie pas qu'être conscient, c'est produire tout ce dont on a conscience. En tant qu'elles sont perçues, les choses sont fondamentalement reçues, c'est-à-dire qu'elles apparaissent selon un ordre que nous n'avons pas voulu. Ajoutons donc qu'une autre caractéristique commune aux choses repose sur la passivité. Les choses nous sont bel et bien données en dehors de notre volonté.

En conséquence : les choses sont dépendantes de moi en tant qu'elles sont regardées. C'est la forme même de leur passivité. Elles subissent nécessairement, pour exister, un regard. Berkeley les qualifie même d' « inertes », susceptibles de ne rien engendrer *par elles-mêmes*. Mais dans la mesure où elles se montrent sans le consentement de ma volonté, elle sont *autonomes*. Elles sont dépendantes de moi,

---

[21] Berkeley n'emploie pas précisément ici le terme *existence*, mais le mot *esse*. Ce qui vient justifier, peut-être, l'identification de sa philosophie à ce que nous avons appelé plus haut une ontologie du pensable, même si, par ailleurs, il semble que ces deux termes soient, aux yeux de Berkeley, interchangeables. En *Principes,* I, *op. cit.,* §6, p. 211, André Leroy traduit, à nouveau, par existence le terme d'*esse*.

[22] *Ibid.*, I, §3, p. 209.

mais autonomes. Malgré tout le poids de mon regard, elles ont leurs propres lois d'apparition. Le seul fait que je ne sois pas l'auteur de mes idées constitue ma finitude. La marque de ma finitude est d'abord perceptive. L'esprit n'est pas l'agent des idées. Celles-ci ne viennent pas à l'être selon un déploiement de ce qui pourrait être déjà contenu dans la conscience. Certes, le contenu des idées est sensible, et en ce sens il est avant tout mien, sans extériorité absolue, sans distance par rapport au regard. Mais si les idées sont senties, c'est parce qu'elles s'imposent aux sens, et que l'esprit ne les commande pas. L'événement n'est pas produit par soi, mais vécu[23].

Nous nous trouvons donc devant l'impossibilité d'envisager, chez Berkeley, la substance pensante comme cause de ses effets. S'il est un point sur lequel il faut insister, c'est sur le fait que l'esprit n'est pas l'auteur des phénomènes qu'il rencontre. Ceux-ci sont dans l'esprit, mais ils ne sont pas l'esprit : ils ont leur propre loi. La substance spirituelle n'est pas réductible, chez Berkeley, à la somme des idées qu'elle produirait de son propre chef, c'est-à-dire à l'ensemble de ses actes[24]. L'esprit est activité, mais activité perceptive qui subit les impressions sensibles des idées :

« Mais, outre cette infinie variété d'idées ou objets de connaissance, il y a une sorte de quelque chose qui les connaît et les perçoit ; et qui effectue sur elles diverses opérations, telles que vouloir, imaginer, se souvenir. Cet être percevant et actif, je le nomme *intelligence*, *esprit*, *âme* ou *moi*. Par ces mots, je désigne non l'une de mes idées ; mais une chose qui en est complètement différente ; c'est en elle qu'existent les idées, ou, ce qui revient au même, c'est elle qui les perçoit ; car l'existence d'une idée, c'est d'être perçue »[25].

---

[23] On pourrait penser possible de rapprocher, à propos de la substance pensante (« *thinking thing* », dans *Principes,* I, §3 ; « there is not any other *substance* than *spirit* », *ibid.*, I, §7), la conception de George Berkeley de celle de Leibniz. En effet, comme Berkeley, Leibniz ne conçoit la substance que comme activité spirituelle pure : « Ce qui n'agit point ne mérite point le nom de substance », dans *Essais de Théodicée,* §393, Paris, Aubier, 1962, p.363. Dans une telle perspective, ce qui semble distinguer les substances entre elles n'est rien d'autre que les accidents ou, pour reprendre la terminologie de Berkeley, les idées. Dit autrement, en termes logiques, on a : ce qui distingue les sujets entre eux, c'est la série des prédicats. Mais ce recoupement n'a d'intérêt que s'il souligne aussi les différences, voire les oppositions. Un tel télescopage de doctrines est intéressant en ce qu'il met en évidence une particularité propre à Berkeley. Contrairement à Leibniz, Berkeley n'admet pas une intériorité toute productrice qui développerait par elle-même et par ordre tous ses événements. Il y a certes, chez Berkeley comme chez Leibniz, un élément de passivité indépassable dans la substance qui n'est pas contradictoire avec son essence active (une passivité négative). Mais au contraire de Leibniz, Berkeley ne voit pas en l'âme la capacité d'exprimer son propre corps et d'actualiser quelque chose comme ses idées.
[24] Sur ce point, on peut consulter les pages de J.-M. Vienne, « La substance de Descartes à Berkeley », dans *Berkeley et le cartésianisme* (sous la direction de Geneviève Brykman), Le Temps philosophique, publication du département de philosophie de l'université de Paris-X Nanterre, 1997.
[25] George Berkeley, *Principes*, I, *op. cit.,* §2, p. 207-209.

Mais dans l'exacte mesure où les idées sont subies, elles se présentent sous la forme de modifications passives de l'intelligence. Dès lors, la question reste intacte et entière : comment s'opère la conscience de quelque chose d'extérieur à moi ? Qu'est-ce qui me permet de poser une distinction réelle et rigoureuse entre le sujet et l'objet ? Car, étant subies, et en tant que modifications du moi empirique, les idées révèlent moins un monde extérieur que les manières d'être de l'âme. Lorsqu'en effet nous éprouvons du plaisir ou de la douleur, ou que nous avons des sensations de chaleur, de saveur, etc., en un mot, toutes les fois que nous sentons, c'est nous-mêmes que nous connaissons confusément de telle ou telle façon, et non pas quelque chose de distinct de nous. Sentir, ce n'est pas apercevoir des objets distincts de notre esprit, c'est-à-dire des choses. Sentir, c'est être passif, et donc connaître, non pas des objets hors de nous, mais seulement des états de notre âme. Ce qui est très important, c'est que, comme la passivité d'une idée équivaut à la subjectivité d'un état, *toute sensation se ramène à un état du* sujet[26]. La sensation ne saurait fonder l'extériorité, ni *a fortiori* la réalité des objets. Au plan ontologique, Berkeley accorde que la passivité des idées renvoie à l'inertie des corps. Mais cela ne suffit pas pour fonder la réalité de ces corps. Car, en tant qu'ils sont perçus, ces corps ne sont pas des choses opposées ou transcendantes à l'esprit. Ils sont partie intégrante de l'âme et de ses modes. Ils sont les modalités et les façons d'être de l'âme elle-même. Toutes les fois que je capte une odeur, entends un son, éprouve du plaisir, etc., je me saisis comme odorant, entendant, ayant du plaisir, et cela dans une indifférence à l'objet. La sensation se moque de son objet. Quel que soit l'objet de la sensation, sentir, c'est très certainement se sentir comme sentant. La sensation ne saurait donc, dans cette perspective, fonder pour le moi la conscience d'une chose hors de lui.

Et pourtant, l'idée n'a-t-elle pas pour effet de nous mettre en relation avec le monde ? Si nous ne pouvons accéder immédiatement à la chose, du moins nous est-il possible de saisir indirectement cette chose au moyen de l'idée. Les idées peuvent très bien posséder le statut d'objet, comme seules réalités immédiatement visibles et connaissables par l'esprit. Les idées peuvent très bien, en tant que moyens termes,

---

[26] Malebranche avait déjà fortement souligné ce point par la bouche de Théodore s'adressant à Ariste : « On ne peut penfer à la rondeur fans penfer à l'étenduë. La rondeur n'est donc point un être ou une fubstance, mais une manière d'être. On peut penfer à l'étenduë fans penfer en particulier à quelqu'autre chofe. Donc l'étenduë n'est point une manière d'être : elle est elle-même un être. Comme la modification d'une fubstance n'est que la fusbstance même de telle ou telle façon, il est évident que l'idée d'une modification renferme néceffairement l'idée de la fubstance dont elle est la modification. Et comme une fubstance c'est un être qui fubsiste en lui-même, l'idée d'une fubstance ne renferme point néceffairement l'idée d'un autre être. Nous n'avons pas d'autre voie pour distinguer les fubstances ou les êtres, des modifications ou des façons d'être, que par les diverfes manières dont nous appercevons ces chofes », Nicolas Malebranche, *Entretiens sur la Métaphysique et sur la Religion*, I, §11, Paris, Vrin, Tome XII (éd. André Robinet), 1965, p.34.

faire correspondre les données de la réalité extérieure au moi. Or, en réduisant les idées aux sensations, Berkeley ne fournit pas au moi l'occasion de connaître des choses différentes de lui. En ramenant l'intelligible au sensible, il fait de l'âme une entité incapable de connaître autre chose qu'elle, et la décompose finalement dans ses propres modifications ou attributs. Dans ces conditions, les idées ne servent plus à apercevoir quelque chose de distinct de nous. Elles ne renvoient plus à une extériorité, mais elles ne font seulement qu'exprimer les effets produits dans l'âme par les sensations. Ainsi l'âme s'affecte-t-elle elle-même et s'égare-t-elle dans ses propres et nombreuses modifications. On pourrait même penser que l'âme se divise en une variété d'âmes, sans aucun lien les unes avec les autres, toutes les fois qu'elle sent. On pourrait penser qu'à chaque fois elle éprouve une sensation, c'est comme une nouvelle âme qui naît et qui sent ; qu'à chaque sensation, l'âme est comme neuve et exclusive de ses états antérieurs. Pas plus qu'il ne peut fonder la conscience des choses hors de lui, le moi ne peut garantir l'unité de son être.

C'est pourquoi, à la fois pour sauver le monde et le moi, il doit bien y avoir malgré tout, chez Berkeley, une objectivation de l'idée. Pour que le réel ne soit pas une vaste chimère, les idées doivent alors pouvoir être pensées comme ce par quoi se révèle pour moi un monde d'objets[27]. Pour que le monde ne soit pas l'ensemble des modifications du moi, et pour que le moi ne soit pas la somme de ses modifications, il faut que les idées n'aient pas seulement un caractère de relativité, mais aussi et *en même temps* un caractère d'absoluité. Si les idées exprimaient seulement des sensations, rien d'objectif ne serait alors donné par elles. En revanche, si elles atteignent quelque chose, ce rouge par exemple, cela implique qu'elles ne sont pas seulement subjectives, mais qu'elles ont en elles-mêmes un principe qui nous met en relation avec autre chose que nous-mêmes. Quoique senties ou éprouvées – et donc, à ce titre, subjectives -, les idées ont en elles-mêmes, chez Berkeley, un principe de distinction entre le sujet et l'objet, entre les modifications et *ce qui* modifie. Pour Berkeley, il n'y a là rien de contradictoire : je puis très bien en effet être affecté et, au moment même de mon affection, éprouver l'existence des objets. Car l'existence, dans la mesure où elle se caractérise par le fait d'être perçue,

---

[27] Pour Martial Guéroult, on peut repérer deux processus dans la philosophie de Berkeley. En effet, si celui-ci dissout l'idée dans la sensation (idée-modification), il tend néanmoins, et parallèlement, à absorber la sensation dans l'idée (idée-chose) : « Bref, en réduisant la chose, par exemple, cette tulipe que je vois comme chose hors de moi, à des affections de mon moi, il devrait faire évanouir par là précisément l'opposition de la chose à moi-même. La possibilité d'une telle opposition devient alors un problème pour la philosophie, mais ce problème est esquivé, car la sensation conserve le caractère de chose, en dépit de la réduction qui devrait le faire évanouir. Les sensations (idées) sont ainsi posées d'emblée comme les qualités constituantes de la chose, et non comme les affections du sujet pensant », dans Martial Guéroult, *Berkeley, Quatre études sur la perception et sur Dieu*, Paris, Aubier, 1956, p.34.

s'éprouve. La douleur que j'éprouve au contact de la chaleur dégagée par la flamme n'est pas contenue dans la flamme elle-même. La douleur n'est pas une qualité déterminée de la flamme, mais elle n'est rien de moins qu'une sensation. Elle est éprouvée, c'est-à-dire subjective. Mais parce que cette douleur procède du contact de la flamme, elle a en elle-même un principe qui lui permet de saisir l'existence, elle témoigne de la relation du moi à autre chose que lui. Éprouver de la douleur, c'est l'éprouver par rapport à quelque chose qui m'affecte. Parce que le néant ne peut m'affecter, les idées doivent alors posséder quelque réalité. Si la douleur que j'éprouve n'était pas liée à ce qui la cause, en l'éprouvant, je n'éprouverais rien. Je m'éprouverais, mais je n'éprouverais point.

Dans la mesure où la douleur varie en intensité, en durée et par rapport à ce pourquoi elle est douleur, elle est liée aux propriétés de l'objet, c'est-à-dire, pour Berkeley, à l'idée. Toutes les fois que j'éprouve une sensation, j'éprouve aussi quelque chose, car mes sensations sont aussi variables que peuvent l'être les objets. Dans le temps que je les éprouve, les idées (ou sensations) ont quelque réalité. Car on ne peut éprouver quelque chose de rien. Le néant, nous l'avons dit, ne possédant aucune propriété, ne peut m'affecter. Les idées ne naissent pas *ex nihilo*. Enfin, l'uniformité même du néant – le néant ne peut différer d'un autre néant – ne saurait rendre compte de la pluralité des objets. Quand bien même en effet le néant pourrait m'affecter, il ne pourrait, en m'affectant toujours de la même manière, faire apparaître à la conscience une si nombreuse variété d'idées, faire apparaître la bigarrure du réel.

Dès lors, la distinction entre le subjectif et l'objectif ne doit pas se comprendre, chez Berkeley, comme celle entre l'intérieur et l'extérieur. L'objectif ne s'oppose pas à ce qui est intérieur à la représentation. Il s'identifie pour les sujets au caractère commun des idées. L'objectif, ce n'est pas ce qui est absolument extérieur et indépendant par rapport à moi, c'est *ce qu'*ont de commun les sujets qui perçoivent. Le subjectif et l'objectif s'opposent alors comme ce qui est perçu seulement par moi et ce qui est perçu aussi par les autres. C'est donc à l'intérieur même de nos représentations que se révèle un monde d'objets. C'est de façon immanente que nous avons relation à une transcendance.

C'est pourquoi, même si la douleur n'est pas dans ce qui l'occasionne, même si elle n'a pas d'existence extérieure à moi qui la sens, reste qu'elle a une réalité *idéale*, et par là même, objective. Le propre des idées réside précisément dans leur *idéalité*, et pas seulement dans leur subjectivité. La douleur provoquée par le feu qui me brûle ici et maintenant n'est *en fait* éprouvée que par moi. Mais, *en droit*, elle peut aussi être sentie par les autres, et même par tous les autres. Son caractère communicable suffit à lui conférer une réalité objective. La même douleur peut exister dans d'autres esprits. Certes, sa réalité est d'être perçue. Mais elle est d'être perçue par *quiconque*.

Voici les deux points complémentaires de l'argumentation de Berkeley :

« Puisque donc vous ne jugez pas que ni la sensation elle-même occasionnée par l'épingle, ni rien de semblable n'existe dans l'épingle ; vous ne devez pas juger, d'après ce que vous venez d'accorder, que la sensation occasionnée par le feu, ni rien de semblable ne se trouve dans le feu »[28].

Et Berkeley précise plus loin : « [...] Quand je refuse aux choses sensibles l'existence hors de l'intelligence, je n'entends pas mon intelligence en particulier, mais toutes les intelligences. Or, il est clair qu'elles ont une existence extérieure à mon intelligence : puisque l'expérience me découvre qu'elles en sont indépendantes »[29].

Ce qui vient fonder la réalité du monde sensible, c'est le caractère communicable des idées. Les idées sont des entités idéales, ce qui ne signifie toutefois pas qu'elles possèdent un caractère universel et nécessaire. Au contraire, parce qu'elles sont les choses elles-mêmes, elles présentent une nature toute contingente et particulière. L'idéalité des idées signifie qu'il y a dans les idées une dimension *objective* qui fonde la possibilité du partage du monde sensible. Les idées ne se réduisent pas à de simples modifications du moi empirique, elles échappent à la seule subjectivité des impressions sensibles. Il y a un écart irréductible entre la *subjectivité* et *l'idéalité* des idées. La condition de l'objectivité, ce n'est pas la subjectivité des idées, mais leur idéalité (leur communicabilité). Dès lors, sentir, c'est davantage que sentir, c'est aussi éprouver la réalité des objets perçus. La condition de tout apparaître sensible, c'est l'idéalité des choses. Mais cette condition qui fonde l'objectivité de l'apparition des choses n'apparaît pas par elle-même. L'idéalité n'est pas une idée, elle n'a pas de contenu sensible, elle est la propriété de la représentation qui fonde l'objectivité des idées et, de surcroît, leur réalité.

Exister, c'est donc être perçu par des sujets qui perçoivent, *de droit*, en commun. Que l'existence tient au fait d'être perçu, cela ne fait, pour Berkeley, aucun doute. L'être des existants, c'est la « perceptibilité ». Les choses n'existent que pour autant qu'elles ont à être perçues. En revanche, il n'y a aucun sens de poser que les existants n'existent que pour moi, et qu'ils ne sauraient se manifester au regard des autres. On ne saurait en effet reconnaître la nature d'un objet si on n'avait d'abord et préalablement une connaissance de sa structure, de sa fonction et de son usage – connaissance léguée par les autres et émanant d'un apprentissage. Dans l'acte de perception transparaît l'être-ensemble, c'est-à-dire que tous les autres s'y expriment, au point même que nous pouvons suggérer que percevoir quelque chose, par

---

[28] George Berkeley, *Dialogues entre Hylas et Philonous, op. cit.*, p. 25.
[29] *Ibid.*, p.143.

exemple cette table, c'est voir à travers elle autrui, ses intentions, ses désirs, son jugement, etc. Ce qu'il convient de souligner, c'est que les objets de la perception – les idées – ont une structure de renvoi à autrui, sans laquelle rien ne nous garantirait que ce qu'on perçoit existe réellement, sans laquelle, en définitive, rien ne ferait écran à l'absorption du monde dans les modifications du sujet[30].

C'est donc, selon Berkeley, au sein de la représentation que les idées se donnent comme les éléments d'objectivation du monde. L'extériorité se fonde très étonnamment sur le sentiment tout intérieur de la présence du monde, sur la conscience intérieure d'avoir en commun *un* monde. Le sujet se définit alors comme étant au principe de ce qu'il n'est pas, comme ce d'où résulte toute conscience de quelque chose compris, dès lors, par Berkeley, en termes de communicabilité ou de mise en commun des idées. Celles-ci se révèlent comme ce qui lie les sujets entre eux, comme ce qui constitue l'accord intersubjectif. Dans cette perspective, ne sommes-nous pas à même d'apercevoir la différence entre la veille et le rêve -, encore que cette différence ne soit pas évidente dès qu'on se donne la peine d'y réfléchir un tant soit peu ? La difficulté consistait à trouver, dans une perspective strictement immanente de la représentation, les moyens de discriminer la veille et le rêve. Si en effet les objets de la perception sensible ne sont pas distincts de l'esprit qui les perçoit, quels sont alors les critères qui permettent d'affirmer avec certitude que ce qu'on perçoit n'est pas un rêve ? Selon Berkeley, jamais je n'ai affaire, dans la perception éveillée comme dans le rêve, à une extériorité absolue indépendante de mes représentations. Bien au contraire, je suis toujours devant un univers de choses et d'événements intimement unis à mon esprit. L'être des choses, c'est la « pensabilité » ou la « perceptibilité » du réel, telle est la portée ontologique du principe adopté par Berkeley selon lequel exister, c'est être perçu ou percevoir.

Mais en insistant sur le fait que les choses n'existent que si elles sont unies à l'esprit, en soulignant la nécessité de toute *relativité* du monde au pouvoir de percevoir,

---

[30] Sur ce point, Edmund Husserl a salué le mérite de George Berkeley qui a, selon lui, aperçu nettement et pour la première fois, dans le cadre d'une pensée du sujet, le problème de l'extériorité : « Bien plus, le problème lui-même n'a été aperçu vraiment qu'avec Berkeley, fût-ce sous une première forme simplement primitive. Sans doute le problème se trouve déjà en germe dans les *Méditations* de Descartes pour autant que leur tâche première est en effet de montrer comment l'*ego*, de la sphère immédiatement évidente de ses *cogitationes*, parvient à s'élever à la croyance en une objectivité transcendante, à l'existence d'un monde extérieur et d'un Dieu. [...] Dès que Berkeley adopte l'attitude purement immanente, il aperçoit le problème et essaie de le résoudre. Avec la hardiesse du génie, il rétablit les droits de l'expérience naturelle. Prise de façon purement immanente, comme vécu de l'*ego*, l'expérience externe se donne comme expérience du monde extérieur lui-même. Ce qui est vu, entendu, saisi par l'intermédiaire des sens se donne comme étant la nature elle-même, comme la nature elle-même, *originaliter*, et non pas comme de quelconques images ou copies de celle-ci », dans *Philosophie première,* Tome I, 21e leçon, Paris, PUF, trad. A. L. Kelkel, coll. Epiméthée, p. 215-216.

Berkeley ne semble pas fournir les critères de différenciation de la veille et du rêve. Et en sus : de ce qu'une telle différenciation n'est pas faite, on peut être tenté de conclure que le principe ontologique de Berkeley est erroné et que, au bout du compte, seule est certaine la conviction que les choses se manifestent effectivement, du dehors, *à distance*. Mais tel n'est pas le cas. Sur ce point, l'argumentation de Berkeley est sans ambages. Quel est son ressort ?

Berkeley propose à la réflexion de partir d'abord de l'observation de la similitude des choses perçues dans la veille et le rêve. Dans la veille *comme dans le rêve* en effet, chacun a le sentiment que ce qu'il voit existe réellement, et nul ne doute que toutes les choses qui y sont présentes ont une subsistance hors de l'esprit, à distance. *De la similitude de ces deux états, Berkeley conclut à la négation de toute extériorité absolue, y compris donc l'extériorité absolue spatiale.* Étant donné que la vision de l'espace extérieur est commune à la veille et au rêve et que dans le rêve néanmoins rien n'existe absolument hors de l'esprit à distance, rien ne nous interdit de penser la veille sur le modèle du rêve, et de poser que la distance n'est pas une réalité indépendante de l'esprit, mais un effet de perception intérieure. Dans la veille comme dans le rêve, on n'a pas la sensation de la distance, quoiqu'on la perçoive. C'est dire que la distance n'est pas un donné empirique, mais une acquisition par l'expérience. Bref, l'extériorité spatiale n'est rien d'autre qu'un acte du sujet, rien d'autre qu'une construction perceptive à partir de sensations qui ne donnent pas la distance. La perception de la distance est *médiate*, et, par conséquent, elle implique toujours déjà une intellection ou un jugement, c'est-à-dire une opération de l'esprit. Les notions de lointain, de proximité, de profondeur ne sont pas senties immédiatement, elles ne procèdent pas du choc d'une extériorité spatiale, et *a fortiori* absolue, sur les sens. Cette maison est perçue *médiatement* au loin par rapport aux objets qui l'environnent, par rapport au jeu des ombres et des couleurs, c'est-à-dire sur fond de monde ou, pour reprendre le vocabulaire de Berkeley, sur fond d'idées. De même qu'en peinture la perspective n'est pas donnée au sens, mais suggérée par l'association des couleurs et des formes, de même la distance n'est pas une donnée de l'expérience, mais un effet de perception impliquant le jugement. C'est la liaison de toutes les manifestations et profils de l'objet qui le constitue en objet. Soit ce paysage peint : sur une surface plane vue relativement de près, la toile fait voir la profondeur (la distance) du paysage.

C'est pourquoi, il faut dire, tout comme un tableau suggère plus qu'il ne montre, qu'il y a davantage dans la perception que ce qu'elle donne au sens. Les objets perçus ne sont pas seulement des objets d'expérience, ils sont aussi et surtout des objets construits par l'expérience grâce à l'opération de la faculté de juger qui anticipe et rassemble[31].

Ce qu'il importe de souligner ici, c'est que le rapprochement opéré par Berkeley entre la veille et le rêve a pour but d'ébranler la conviction des gens d'après laquelle des substances matérielles, et donc spatiales, existent absolument hors de l'esprit :

« Troisièmement on objectera que nous voyons effectivement les choses hors de nous et à distance, que, par suite, elles n'existent pas dans l'inintelligence ; car il serait absurde que des choses vues à une distance de plusieurs mille puissent se trouver aussi porches de nous que nos propres pensées. - En réponse, je désire qu'on considère qu'en rêve nous percevons souvent des choses comme si elles existaient à une très grande distance de nous et, malgré tout, nous reconnaissons que ces choses existent uniquement dans l'intelligence »[32].

Le fait que la dimension de la profondeur est identique à la veille et au rêve atteste que la perception de l'espace n'est pas nécessairement celle d'une extériorité spatiale absolue, mais celle d'un monde spatialisé, situé dans l'espace tridimensionnel, par la seule combinaison ou association des idées. Il n'y a pas, selon Berkeley, de monde ni d'espace extérieurs à la représentation. Mais alors, d'où vient la perception qu'on a de l'espace ? Comment rendre compte précisément de ce fait qu'on perçoit les choses à distance de nous ?

A proprement parler, il convient de dire qu'on ne perçoit pas l'espace en tant que tel, mais rien que des choses situées dans l'espace. On ne perçoit pas l'espace grand ou petit, mais rien que des choses grandes ou petites dans l'espace. L'espace véritable n'a ni grandeur ni forme. Seules les choses situées dans l'espace ont grandeur et forme. On ne peut former par exemple de véritable image de la distance. En revanche, on peut imaginer *cette* distance-ci, *cet* espace-là, qui s'exprime par un rapport entre les choses. On ne peut percevoir *l'*espace absolu, mais on peut se représenter *un* espace. On peut se représenter un espace géométrique. L'espace du géomètre est un espace mesuré, tracé, découpé, imaginé et, à ce titre, il n'est pas

---

[31] Voir ici les belles pages d'Alain dans *Éléments de philosophie, op. cit.*, p. 28 : « Cet horizon lointain, je ne le vois pas lointain ; je juge qu'il est loin d'après sa couleur, d'après la confusion des détails, et l'interposition d'autres objets qui me le cachent en partie. Ce qui prouve qu'ici je juge, c'est que les peintres savent bien me donner cette perception d'une montagne lointaine, en imitant les apparences sur une toile. Mais pourtant je vois cet horizon là-bas, aussi clairement là-bas que je vois cet arbre clairement près de moi ; et toutes ces distances, je les perçois. Que serait le paysage sans cette armature de distances, je n'en puis rien dire ; une espèce de lueur confuse sur mes yeux, peut-être. Poursuivons. Je ne vois point le relief de ce médaillon, si sensible d'après les ombres ; et chacun peut deviner aisément que l'enfant apprend à voir ces choses, en interprétant les contours et les couleurs. Il est encore bien plus évident que je n'entends pas cette cloche au loin, là-bas, et ainsi du reste ».

[32] George Berkeley, *Principes*, I, *op. cit.*, §42, p. 243.

l'espace qui n'a point de parties ni de délimitations, qui n'a point non plus de lignes, de courbes, d'angles, de sommets. Mais Berkeley va plus loin que cette simple constatation. Il affirme en effet qu'on ne perçoit pas plus *immédiatement* cette distance-ci que la distance en général. Qu'est-ce à dire ?

L'idée de distance, ainsi que celle de proximité, n'est pas perçue immédiatement par les sens, mais elle résulte de l'expérience de la connexion régulière entre les idées. Elle n'est pas vue par l'œil, mais elle est suggérée par l'expérience. C'est que les combinaisons des idées agissent de telle manière qu'elles produisent tout autre chose que ce que donnent les idées elles-mêmes. Cette distance, comme cette proximité, n'est pas une idée, mais une *association d'idées* (ou une idée complexe supérieure) acquise par l'expérience de leur accompagnement constant et réciproque. C'est pourquoi, Berkeley n'hésite pas à admettre qu'on perçoit les choses à distance, tout en prenant néanmoins le soin de préciser qu'elles ne sont pas à distance. Les choses sont vues à distance, *bien qu'elles ne soient pas à distance*. A propos du problème de Molyneux, qui a tant agité les savants du *Trinity College*, Berkeley ose dès lors trancher : un aveugle-né, qui recouvrirait par miracle la vue, ne percevrait pas immédiatement la distance :

« J'ai indiqué ici les sensations ou idées qui sont, semble-t-il, les occasions constantes et générales d'introduire dans l'esprit les différentes idées de proximité. Il est vrai, dans la plupart des cas, diverses autres circonstances contribuent à former notre idées de la distance, à savoir le nombre particulier, la taille, le genre, etc., des choses vues. A leur sujet, comme au sujet de toutes les autres circonstances précédentes qui suggèrent la distance, j'observerai seulement qu'aucune d'elles, par sa nature propre, n'a de relation ni de connexion avec la distance : et il est impossible qu'elles en signifient jamais les différents degrés autrement que par la vertu de l'expérience qu a montré qu'elles leur étaient associées »[33].

Et plus loin : « Des affirmations précédentes se tire une conséquence évidente qu'un aveugle-né, rendu à la vue, n'aurait d'abord aucune idée de distance par la vue : le soleil et les étoiles, les objets les plus éloignés comme les plus proches lui sembleraient tous se trouver sur son œil, ou plutôt dans son esprit. Les objets introduits par la vue ne lui paraîtraient pas autrement (et c'est ce qu'ils sont en fait) qu'un nouveau jeu de pensées ou de sensations, dont chacune serait aussi proche de lui que les perceptions de douleur ou de plaisir ou que les plus intimes passions de son âme. Car notre jugement, qui situe à distance et hors de l'esprit les objets perçus par la vue, est entièrement l'effet de l'expérience ; un homme, dans les conditions

---

[33] George Berkeley, *Essais d'une théorie nouvelle de la vision*, §28, dans *Œuvres choisies*, Tome I (éd. bilingue, trad. A. Leroy), Paris, Aubier,1944, p.161.

indiquées, n'aurait pu encore l'acquérir »[34].

Dans cette perspective, l'on voit que ce qui constitue la différence entre la veille et le rêve, ce n'est pas l'opposition entre la perception de ce qui subsisterait hors de l'esprit et la perception de ce qui n'existerait nulle part ailleurs que dans l'intelligence. La différence consiste seulement dans la clarté, l'intensité et la vigueur des représentations ou impressions sensibles. La différence se fonde sur un principe d'évidence : les sensations sont claires et distinctes dans la perception éveillée, alors qu'elles sont obscures, sombres et confuses dans le rêve. La clarté des idées dans la veille procède d'une affection, de ce qu'elles ne dépendent pas de moi. De là leur caractère public, partagé et impersonnel. En revanche, l'obscurité des idées dans le rêve relève de ma volonté, de ce qu'elles dépendent cette fois de moi. D'où leur dimension privée, propre et personnelle[35] :

« Les idées formées par l'imagination sont pâles et indistinctes ; en outre, elles dépendent entièrement de la volonté. Et les idées perçues par les sens, c'est-à-dire les choses réelles, sont plus vigoureuses et plus claires ; et, comme elles sont imprimées dans l'intelligence par un esprit distinct de nous, elles ne dépendent pas de même manière de notre volonté. Il n'y a donc aucun danger de les confondre avec les premières ; et il y en a aussi peu de les confondre avec les visions du rêve, qui sont faibles, désordonnées et confuses. Et bien que les visons soient parfois très vives et très naturelles, cependant leur manque de liaison et d'unité avec les occupations antérieures et ultérieures de notre vie les fait aisément distinguer des réalités. Bref, le procédé qui, dans votre système, vous fait distinguer les *choses* des *chimères*, le même restera également valable dans le mien. Car, je pense, il doit s'appuyer sur une différence perçue ; et je ne veux vous priver d'aucune des choses que vous percevez »[36].

Et plus loin : « Si l'on prend le mot *même* dans le sens courant, il est certain (mais

---

[34] *Ibid.*, § 41, p. 161.

[35] Sur ce point, nous ne pouvons que renvoyer aux développements de Jean-Marie Beyssade, « *L'expérience du rêve et l'extériorité de Descartes à Berkeley* », dans la *Revue philosophique de la France et de l'étranger,* n°3, Paris, PUF, 1986, p.353 : « Le rêve est à la veille comme un langage privé à un langage public, et la perception commune est à la science physique comme la pratique d'une langue à l'apprentissage de sa grammaire. Un langage privé peut se nourrir de façon parasitaire d'un langage public jusqu'à se confondre parfois avec lui : la différence n'est pas dans un rapport à quelque réalité (existant en soi), mais dans la richesse du dialogue (de soi aux autres, et même de soi à soi). [...] Curieusement, à un auteur si peu soucieux d'approfondir la conscience du rêveur, il a été donné de remarquer ce qui le distingue de la veille : l'objectivité qui lui manque n'est pas l'extériorité absolue d'une substance matérielle dans l'espace, mais le langage commun, public, ininterrompu, de la nature (ou de l'auteur de la nature) et des esprits finis qui s'y rapportent ».

[36] George Berkeley, *Dialogues entre Hylas et Philonous, op. cit.*, p.153.

cela ne contredit en rien les principes que je soutiens) que différentes personnes peuvent percevoir la même chose ; et que la même chose, la même idée, existe dans différentes intelligences »[37].

L'argument du rêve n'a pas aboli le principe de Berkeley selon lequel exister, c'est être perçu ou percevoir. Au contraire, il est venu consolider sa thèse de l'immanence de toutes nos représentations. Ainsi Berkeley se montre-t-il le meilleur objecteur de lui-même et transforme-t-il les apparentes faiblesses de sa doctrine en points forts de sa théorie.

---

[37] *Ibid.*, p.181.

Seconde partie :

L'ordre du monde

« L'ignorance des causes et de la constitution originaire du droit, de l'équité, de la loi et de la justice conduit les gens à faire de la coutume et de l'exemple la règle de leurs actions, de telle sorte qu'ils pensent qu'une chose est injuste, quand elle est punie par la coutume, et qu'une chose est juste quand ils peuvent montrer par l'exemple qu'elle n'est pas punissable et qu'on l'approuve, ou par un précédent (du nom barbare utilisé par les juristes qui connaissent seulement cette norme de justice). Ils sont pareils aux petits enfants qui n'ont d'autre règle des bonnes et des mauvaises manières que la correction infligée par leurs parents et par leurs maîtres, à ceci près que les enfants se tiennent constamment à leur règle, ce que ne font pas les adultes parce que, devenus forts et obstinés, ils en appellent de la coutume à la raison, et de la raison à la coutume, comme cela les sert, s'éloignant de la coutume quand leur intérêt le requiert et combattant la raison aussi souvent qu'elle va contre eux »[38].

---

[38] Thomas Hobbes, *Léviathan, ou matière, forme et puissance de l'État chrétien et civil*, Paris, Gallimard, coll. « Folio/Essais », 2000, p. 194-195.

Liminaire

La pensée de George Berkeley est entièrement consacrée à la défense de la thèse immatérialiste, thèse dont il ne s'est par ailleurs jamais départi. Ce qui est en permanence sous-jacent à sa réflexion, c'est la critique et la déconstruction de la philosophie du moment, celle de Locke, qui mène, selon lui, non seulement au scepticisme et à l'athéisme, mais encore à d'insignes absurdités et contradictions. Berkeley s'attache en effet à montrer le caractère inintelligible des arguments qui militent en faveur de l'existence de la matière, de la distinction inféconde entre les qualités premières et les qualités secondes et d'une conception volontariste ou activiste de la matière.

Il n'est pas hors de propos de rappeler ici que la difficulté fondamentale est, aux yeux de Berkeley, celle de comprendre, dans le cadre d'une vision substantialiste de la matière, comment une entité matérielle, dépourvue de tout pouvoir et incapable d'action, pourrait générer nos représentations. C'est que, selon lui, on ne saurait proposer une explication *causale* de la perception sans, dans le même temps, basculer du côté du scepticisme et de l'athéisme d'une part, et du côté de l'irrationalisme d'autre part. Que les choses que nous percevons existent réellement, sans nul doute pour Berkeley. En revanche, s'il est un point selon lui totalement inadmissible par la *foi* et la *raison*, c'est l'idée aussi répandue que naïve d'après laquelle les choses nous sont représentées – fidèlement ou pas – par des causes matérielles et mécaniques. Il s'agit en fait, selon lui, d'être attentif à ce que l'affirmation de l'existence des choses matérielles hors de l'esprit est une assertion scandaleuse qui fait des choses des réalités indépendantes de *tout* esprit et, par là même, d'une instauration antérieure. L'affirmation de l'existence de la matière contrarie nécessairement d'abord la *foi*, car elle met en doute l'idée même de création. Loin donc de servir l'enseignement de la religion et les exigences de la foi, la valorisation de la matière dispose à la suspicion et au paganisme effréné.

Mais Berkeley tire davantage à conséquence. Il précise en effet ce qu'à d'odieux la notion de matière. Celle-ci paraît, très exactement tout à la fois, inutile et nuisible :

- Tout d'abord, la matière est une notion inutile, parce qu'elle ne fait pas avancer d'un pouce le savoir humain. Elle ne permet pas de comprendre, par exemple, l'origine et le sens du monde. La matière n'a pas de sens, elle ne fournit pas par elle-même les raisons de sa présence. Loin d'aider à la connaissance, elle l'obscurcit. En attribuant au monde un contenu effectivement matériel, on lui ôte plus que ce qu'on lui donne : le monde se voit dépossédé d'un commencement et d'une fin, on fait de ce monde un monde sans origine ni finalité. Comment la matière pourrait-elle rendre raison de son existence ? Comment pourrait-elle être la source de la formation d'un être vivant organisé ? Comment pourrait-elle communiquer avec son autre absolu, la pensée ? Autant de questions auxquelles la notion de matière n'apporte aucun éclairage, si petit fût-il :

« Donc pour contrebalancer ce poids du préjugé, jetons dans le plateau les grands avantages qui naissent de la croyance à l'immatérialisme, à la fois pour la religion et pour le savoir humain. [...] Dans la philosophie naturelle[39], en combien de difficultés, d'obscurités, et de contradictions la croyance à la matière a-t-elle poussé les hommes ! Pour ne rien dire des innombrables discussions sur son étendue, sa continuité, son homogénéité, son poids, sa divisibilité, etc. – ne prétendent-ils pas expliquer toutes choses par l'action des corps sur les corps, selon les lois du mouvement ? Et pourtant sont-ils capables de comprendre comment un corps en meut un autre ? Bien mieux, admettons qu'il n'y ait pas de difficulté à concilier la notion d'un être inerte avec celle d'une cause, ni à comprendre comment un accident peut passer d'un corps à un autre ; pourtant avec tous leurs efforts de pensée et leurs hypothèses extravagantes, ont-ils été capables d'obtenir la production mécanique d'un seul organisme animal ou végétal ? Peuvent-ils expliquer, par les lois du mouvement, les sons, les saveurs, les odeurs ou les couleurs ; ou le cours régulier des choses ? Ont-ils expliqué, par des principes physiques, l'adaptation et l'ajustement même des plus petites parties de l'univers ? Mais, si l'on rejette la matière et les causes corporelles, et si l'on admet seulement l'action d'une Intelligence toute-parfaite, tous les effets de la nature ne sont-ils pas accessibles et intelligibles ?[40].

- Ensuite, la matière est une notion nuisible parce qu'elle accomplit un retrait de Dieu qui favorise la dépravation des conduites et le développement du vice. Ayant un effet dissolvant sur Dieu et le caractère sacré de la nature, le crédit porté à la matière autorise tous les débordements et les actes les plus cruels, en tout cas s'ensuit-il l'évacuation de tout désir de moralité. Les adeptes de la matière ne croient pas et n'ont d'égards pour rien. Privés d'encadrement, de sanctions et de promesses qui les font marcher droit, qui les font craindre et espérer à la fois, les hommes se livrent sans scrupules à une existence déraisonnable et honteuse. La valorisation de la matière ne sert pas la morale et la religion. La matière est une notion propre à subvertir :

« Sans compter que la pensée de l'éloignement de Dieu pousse naturellement les hommes à la négligence dans leur conduite morale ; ils en auraient plus de souci

---

[39] Il s'agit bien évidemment de ce qu'on appelle aujourd'hui les sciences physiques et biologiques.
[40] George Berkeley, *Dialogues entre Hylas et Philonous, op. cit.,* p. 203. Voir aussi page 205 sur les avantages que l'immatérialisme procure en métaphysique et en mathématiques.

s'ils Le pensaient immédiatement présent et agissant sur leurs intelligences sans l'interposition de la matière ou de causes secondes non pensantes »[41].

Où l'on voit que prêcher la matière n'est pas moins contraire aux vérités de la raison qu'aux exigences de la foi. La morale et la religion semblent, chez Berkeley, n'être qu'une seule et même chose. Tout ce qui s'oppose à la foi paraît déraisonnable. Foi et raison semblent intimement liées, du moins elles ne s'excluent pas l'une l'autre[42].

Mais la valorisation de la matière n'est pas seulement déraisonnable, elle est aussi délirante, irrationnelle. C'est l'autre aspect de la compatibilité, chez Berkeley, entre la foi et la raison (le rationnel). En quoi consiste, selon Berkeley, ce caractère irrationnel, inintelligible de la matière ?

Disons qu'il consiste en ce que nous ne pouvons pas fonder en raison l'existence de la matière. Puisque les choses matérielles n'existent que perçues, il va de soi que nous ne pouvons savoir si la matière existe à titre de substance hors de nous. Seuls existent de fait les corps *dont nous avons les idées*. Tout ce que nous connaissons est perçu, et tous les objets perçus sont des idées. Les corps, y compris le corps propre, n'existent qu'en tant qu'idées. C'est pourquoi, nous ne pouvons raisonnablement soutenir la possibilité d'une relation de cause à effet entre les corps extérieurs (matériels) et l'âme ou même le cerveau, qui, rappelons-le, est, lui aussi, une idée. Les choses étant reçues, et donc caractérisées par la passivité, ne sauraient être douées d'*efficace*. Même si nous supposions que nous avons une idée de la matière, nous ne pourrions la connaître, nous dit Berkeley, puisque les idées n'existent que dans l'esprit.

En sorte que, quand bien même la matière existerait à titre de substance hors de l'esprit, nul ne pourrait le savoir, car personne n'en a l'idée[43]. Si toutefois et d'aventure nous pouvions nous en former une idée, alors elle perdrait, par cela seul, son statut de substance. Qu'un corps ou quelque chose comme une matière existât de fait sans que nous en eussions une connaissance par idée, cela est, ou bien impossible, c'est-à-dire contradictoire, ou bien invérifiable, incontrôlable. Berkeley y insiste : il n'y a pas de raison suffisante de croire à l'existence de la matière :

« Je dis, en premier lieu, que je nie l'existence de la substance matérielle, non pas uniquement parce que je n'en ai aucune notion, mais parce que sa notion est contradictoire ; ou, en d'autres termes, parce que cela implique contradiction qu'il y

---

[41] *Ibid.*, p.205.

[42] Notons que le VIIe Dialogue de l'*Alciphron ou le petit philosophe* est consacré à l'étude de leurs rapports, et tend à montrer, contrairement à ce qu'en dit justement Alciphron (*alias*, Locke ou peut-être Toland), la possibilité de leur articulation : voir notamment la section 8, p. 344 et suiv.

[43] Sur ce point, se reporter aux *Principes,* I, *op. cit.*, §§18-20.

en ait une notion. De nombreuses choses, autant que je sache, peuvent exister, dont ni moi ni aucun autre homme n'a, ni ne peut avoir aucune idée ni aucune notion. Mais alors ces choses doivent être possibles, c'est-à-dire leur définition ne doit enfermer aucune contradiction. Je dis, deuxièmement, que, même si nous croyons à l'existence de choses que nous ne percevons pas, nous ne pouvons pourtant pas croire à l'existence de la matière. Je n'en ai aucune intuition immédiate : je ne peux davantage inférer médiatement de mes sensations, idées, notions, actions et passions, une substance sans activité, ni pensée, ni perception – ni la conclure par déduction probable, ou conséquence nécessaire[44].

L'idée d'après laquelle nous n'avons pas d'intuition sensible de la matière achève de montrer qu'elle n'existe absolument pas. La négation de son existence vient de l'incapacité où nous sommes de nous en former un contenu cognitif clair et distinct. Nous posons qu'elle n'est pas une idée ni représentable. Mais précisément, comment pourrait-il en être autrement ? Comment la matière pourrait-elle être une idée si tout ce que nous connaissons se ramène aux idées, c'est-à-dire aux sensations ? La matière ne peut être une idée, parce que tout ce que nous connaissons est connu par idée. Ceci n'a rien d'énigmatique. Car, si tout ce que nous connaissons d'abord immédiatement doit être rapporté aux seules idées, cela s'explique par le fait que les idées désignent toujours quelque chose de particulier. Avec les idées nous n'avons nécessairement affaire qu'à du particulier, du concret, du vécu, mais jamais à du général. La matière ne se donne pas par idée. Au point de vue noétique, la matière est un non-être, un néant, parce qu'elle excède, *au titre de sa généralité*, les cadres de la connaissance par idée. La matière est une pure *indétermination*, elle n'a pas de propriétés, elle n'est ni un ceci ni un cela. Le propre de la matière est de n'être pas quelque chose. Du caractère indéterminé de la matière résulte que nous ne pouvons rien en dire, puisque, n'étant rien, tout peut lui être attribué. Finalement, connaître la matière, c'est connaître qu'il n'y a rien à en dire, rien à en connaître. Le propre de la matière est alors d'être un inconnaissable par soi[45].L'idée de matière n'est donc pas une idée, mais une indétermination absolue, autrement dit : une *abstraction* pour Berkeley.

---

[44] *Ibid.*, p.147.

[45] Il y a tout lieu de penser que le rejet par Berkeley de la matière comme substance a une inspiration aristotélicienne, et que tout se passe comme si Berkeley convoquait, pour étayer ce point, Aristote *contre* Descartes et Locke. Au demeurant, il suffit de relire ou de se remémorer le texte célèbre d'Aristote (*Métaphysique, Z, 3*), en lequel se trouve exclue la matière comme prétendante à la substance (*hypokeimenon*), au titre de son indétermination radicale, pour apercevoir comme un écho. George Berkeley évoque d'ailleurs au §11 des *Principes*, I, la notion de la « *materia prima* » d'Aristote.

Chapitre I

L'ordre immanent

La thèse de l'immatérialisme devait conduire Berkeley à élaborer, de façon à en rejeter en bloc les implications, une critique sévère de la théorie de l'idée comme image ou copie des choses, ainsi qu'à exhiber les extravagances et l'erreur des philosophes qui affirment l'existence des qualités premières hors de nous. Ce qui apparaît, aux yeux de Berkeley, comme le comble du délire, c'est ce qui se révèle dans la volonté de faire des qualités secondes le produit aberrant des qualités premières affectant les organes des sens. Rappelons que dans une telle perspective, les couleurs, les odeurs, les saveurs, les sons, etc., n'existeraient qu'à titre anhypostatique, sous le seul effet du mouvement et des figures ; et que d'une telle hypothèse résulterait, non seulement le maintien de l'existence d'une extériorité absolue, mais en outre l'idée que la représentation que nous avons de cette extériorité ne ressemble pas à ce qu'elle est réellement. Ce que Berkeley ne saurait admettre ici, on le voit, ce n'est pas seulement un tel maintien, c'est aussi la reconnaissance du fait que la réalité ne nous est pas accessible en elle-même, telle qu'elle est, mais à travers de nécessaires intermédiaires qui en modifient le contenu, à savoir la subjectivité et son cortège d'idées. Ramenée aux idées, la réalité ne peut être, selon Berkeley, que connue immédiatement comme ce qu'elle est, elle ne peut être que claire à l'esprit.

Nous pouvons situer l'origine de la théorie de l'idée-image, avant Locke, au moins chez Descartes. C'est en particulier dans le IVe Discours de sa *Dioptrique* que nous trouvons quelque développement explicite de cette théorie. Descartes y disjoint en effet image et ressemblance. Il y est question de l'erreur des philosophes (les scolastiques) qui regardent communément les images comme les copies fidèles de la réalité. Il y est donc question d'une critique menée par Descartes contre le modèle du tableau dont on a abusé pour penser la cause ou l'origine de l'image. Quel est le principal ressort de l'argumentation de Descartes ?

Pour Descartes, les images ne sont pas ressemblantes, elles ne sont pas à la ressemblance des corps. Une copie ne ressemble pas à son modèle. L'image ne ressemble pas à ce dont elle est l'image, c'est une copie qui se construit sur une différence, une disparité, un écart par rapport à l'original. Mais, selon lui, la distinction entre l'image et la chose ne s'explique pas uniquement par le fait que l'image, ressemblant à la chose, n'est nécessairement pas celle-ci. Le propre de la ressemblance est de représenter en image la chose, et donc de ne pas s'identifier à ce qu'elle reproduit. L'image est un double, une reproduction, un second pareil, mais pas la chose même. L'image peinte du lit n'est pas le lit. A preuve par exemple le fait que je ne puis m'en servir pour y dormir. Une image qui ressemblerait en tous points et dans les moindres détails à la chose qu'elle représente ne serait pas une image, mais la chose même. C'est pourquoi, par exemple, le portrait le plus fidèle ne ressemble qu'en peu de choses au visage qu'il représente. Il n'a pas le même format, n'est pas présente, mais feinte, la profondeur, etc. En un mot, un portrait ou un tableau (une image) est fondamentalement *dissemblant*. Pour illustrer ce point, le grec *eikôn* est significatif, puisqu'en désignant une image, il instaure une distance entre l'image et ce à quoi elle est censée ressembler. L'insuffisance de la ressemblance constitue le bon portrait. La ressemblance parfaite détruit la ressemblance pour révéler une totale identité. Un tableau *ressemble* bien quand il *représente* mal. Représenter n'est pas ressembler. La perfection de la ressemblance procède de l'imperfection de l'image. L'idée ou l'image des choses représente mal les choses. Dans ce texte, Descartes met en place une philosophie de l'image, mais pas de la ressemblance. Mais, dira-t-on, la disparité est relative parce qu'il faut bien *en même temps* que l'image s'apparente en quelque façon à l'objet sous peine de n'être plus ressemblante. Mais l'intérêt de l'argumentation de Descartes est qu'il pousse plus avant ses analyses jusqu'à introduire entre l'image et la chose plus qu'une disparité : une dissimilitude. L'image est si peu ressemblante à la chose qu'elle devient complètement autre chose. Ce que nous nous représentons de la réalité est loin d'être la réalité elle-même, mais une image qui n'a plus rien avoir avec elle. Les impressions sensorielles ne sont pas comme des petits tableaux en nous à la ressemblance de l'extériorité. L'image traduit quelque chose d'autre que la réalité.

La meilleure conception de l'image est, au fond, pour René Descartes, celle qui s'appuie sur le modèle du *signe*. L'image ne ressemble pas à la chose, mais elle fait signe vers elle, c'est-à-dire qu'il y a en elle une structure de renvoi vers la chose. Le caractère propre du signe est de représenter, point de ressembler. Le mot chien ne ressemble pas au chien qu'il représente. Le concept de chien n'aboie pas. Le concept de cercle n'est pas circulaire[46]. En d'autres termes, nous avons bien le droit de penser nos idées comme des images, à condition toutefois de les penser comme ne ressemblant point à ce dont elles sont les idées. Nos idées sont comme les images des choses, mais elles n'entretiennent aucune ressemblance avec ce dont elles sont

---

[46] Qu'il nous soit permis ici d'appliquer l'analyse de Descartes à une interrogation sur les médias. A ce sujet, nous pouvons poser que la télévision en particulier représente d'autant moins qu'elle ressemble davantage. La prétention de la télévision n'est pas de proposer des signes (représenter), mais de ressembler au moyen des images.

les idées, telle est la philosophie cartésienne de l'image[47].

Selon Berkeley, la théorie de l'image-copie des choses n'est pas fondée. L'opposition entre l'image et la ressemblance ne repose sur aucune justification valable. Qu'une idée ne ressemble pas à ce dont elle est l'idée, voilà ce que Berkeley ne saurait comprendre. Dans le cadre d'une philosophie qui pose que l'existence des choses est d'être perçue, rien ne permet de savoir s'il y a ressemblance ou pas entre les idées et les choses. Rien ne permet d'évaluer le degré de ressemblance entre l'image et son objet, ni dans quelles proportions et jusqu'à quel point ils se ressemblent. Rien ne rend possible la vérification de la conformité de l'image à ce dont elle est l'image. Les tenants du matérialisme ne peuvent rendre compte de ce qu'ils avancent, et ils ne savent pas si ce qu'ils avancent est vrai, ou adéquat ou réel. Comment montrer au grand jour la ressemblance ou la dissemblance des deux mondes, en soi et pour soi ? Comment savoir si quelque chose se dissimule derrière les apparences ? Et comment savoir *ce qui* s'y dissimule, puisque ce quelque chose se dérobe nécessairement, en se dissimulant, à toute perception, et donc à toute idée ?

Pour l'évêque de Cloyne, la supposition d'une coupure entre un monde sensible et un monde intelligible est coûteuse, délirante et sans fondement. Elle éloigne les hommes des vérités pourtant si obvies, elle les rend aveugles aux choses évidentes qu'il suffit de regarder ou d'apprendre à regarder. Les vérités qu'énonce Berkeley, sont, selon lui, celles-là mêmes du sens commun, des gens :

---

[47] Voir Descartes, *Dioptrique*, IV, dans *Œuvres philosophiques*, Tome 1, Paris, Classiques Garnier (éd. F. Alquié), p. 684-685 : « Il faut, outre cela, prendre garde à ne pas supposer que, pour sentir, l'âme ait besoin de contempler quelques images qui soient envoyées par les objets jusque au cerveau, ainsi que font communément nos philosophes ; ou, du moins, il faut concevoir la nature de ces images tout autrement qu'ils ne font. Car, d'autant qu'ils ne considèrent en elle autre chose, sinon qu'elles doivent avoir de la ressemblance avec les objets qu'elles représentent, il leur est impossible de nous montrer comment elles peuvent être formées par ces objets, et reçues par les organes des sens extérieurs, et transmises par les nerfs jusques au cerveau. Et ils n'ont eu aucune raison de les supposer, sinon que, voyant que notre pensée peut facilement être excitée, par un tableau, à concevoir l'objet qui y est peint, il leur a semblé qu'elle devait l'être, en même façon, à concevoir ceux qui touchent nos sens, par quelques petits tableaux qui s'en formassent en notre tête, au lieu que nous devons considérer qu'il y a plusieurs autres choses que des images, qui peuvent exciter notre pensée ; comme, par exemple, les signes et les paroles, qui ne ressemblent en aucune façon aux choses qu'elles signifient. Et si, pour ne nous éloigner que le moins qu'il est possible des opinions déjà reçues, nous aimons mieux avouer que les objets que nous sentons envoient véritablement leurs images jusques au-dedans de notre cerveau, il faut au moins que nous remarquions qu'il n'y a aucunes images qui doivent en tout ressembler aux objets qu'elles représentent : car autrement il n'y aurait point de distinction entre l'objet et son image : mais qu'il suffit qu'elles leur ressemblent en peu de choses ; et souvent même, que leur perfection dépend de ce qu'elles ne leur ressemblent pas tant qu'elles pourraient faire. [...] En sorte que souvent, pour être plus parfaites en qualité d'images, et représenter mieux un objet, elles doivent ne lui pas ressembler ».

« Je me contente, Hylas, d'en appeler au sens commun (*common sense of the world*) pour légitimer mon opinion. Demandez au jardinier pourquoi il pense que ce cerisier que voici, existe dans le jardin, il vous dira qu'il le voit et le touche ; en un mot, qu'il le perçoit par ses sens. Demandez-lui pourquoi il pense qu'un oranger n'est pas là, il vous dira qu'il ne le perçoit pas. Ce que ses sens perçoivent, il l'appelle un être réel et il dit que cela *est* ou *existe* (*it is or exists*) ; mais, ce qui n'est pas perceptible, cela, dit-il, n'a aucune existence »[48].

Étant contre l'idée d'une telle coupure entre le sensible et l'intelligible, Berkeley n'est pas platonicien. Il ne croit pas aux vérités des arrière-mondes. Il ne pense pas que le sensible cache, ni qu'il n'y a rien de vrai dans le sensible. On ne peut avancer que le sensible est un monde d'apparences sans faire de l'Auteur de la nature un Être trompeur : « Je n'admets pas, écrit Berkeley, que Dieu ait en rien trompé les hommes »[49]. L'opposition entre le sensible et l'intelligible n'est pas tenable. A supposer qu'il y ait une vérité une, nous ne pouvons autrement l'atteindre que sensiblement, du moins qu'à partir du sensible.

Aussi Berkeley pose-t-il avant Kant qu'il n'y a d'intuition que sensible[50], et s'en écarte-t-il en indiquant que ce qui ne relève pas du sensible est inintelligible. Chez Berkeley, la matière, qu'on croit concrète et sensible, est en réalité abstraite et inintelligible parce que, comme nous l'avons vu, nous n'en avons pas d'*intuition immédiate*. Seul est intelligible le sensible :

« Vous avez souvent parlé comme si vous pensiez que je soutenais que les choses sensibles n'existent pas. Alors qu'en réalité, personne ne peut être plus entièrement convaincu que moi de leur existence. C'est vous qui doutez ; j'aurais dû dire, c'est vous qui la niez radicalement. Tout ce que l'on voit, touche, entend ou perçoit par les sens d'une manière quelconque, c'est, d'après les principes que j'embrasse, un être réel : mais non d'après les vôtres. Souvenez-vous, la matière pour laquelle vous

---

[48] George Berkeley, *Dialogues entre Hylas et Philonous*, Dialogue III, *op. cit.*, p.151.
[49] *Ibid.*,p.171.
[50] Ce point a été enregistré par Martial Guéroult, *Berkeley, Quatre études sur la perception et sur Dieu, op. cit.*, p. 89 : « Par là prend un sens valable la critique de Kant, qui pourtant, dans sa teneur littérale, paraît si grossièrement inexacte. Rien de plus faux, en effet, que ce reproche adressé à Berkeley de nier la réalité du monde sensible au profit d'un monde suprasensible dont il aurait l'intuition mystique ; car Berkeley fait exactement le contraire : il affirme que le premier seul existe et se désintéresse totalement de la connaissance du second, du moins jusqu'à la *Siris_*». Nous trouvons dans les *Prolégomènes à toute métaphysique future qui pourra se présenter comme science*, Paris, Vrin (trad. Louis Guillermit), 1993, cette formule de Kant sur Berkeley : « l'idéalisme mystique et visionnaire de *Berkeley* » (§13, Remarque III, p. 58), ainsi que cette hâtive présentation : « La thèse de tous les idéalistes véritables, depuis l'école éléate jusqu'à l'évêque *Berkeley,* est contenue dans cette formule : toute connaissance obtenue par les sens et l'expérience est simple apparence, et il n'est de vérité que dans les Idées de l'entendement et de la raison pure » (Appendice, p.158).

combattiez est un quelque chose d'inconnu (si en vérité on peut l'appeler *quelque chose*), qui est complètement dénué de toute qualité sensible et que les sens ne peuvent jamais percevoir, que l'intelligence ne peut comprendre »[51].

Sur cette base, la philosophie de Berkeley récuse le dualisme platonicien de l'ombre et de la lumière, du sensible et de l'intelligible, du paraître et de l'être. Elle rejette l'identification massive du monde sensible et du monde de la caverne (des faux-semblants). Pour Berkeley, le sensible n'est pas une copie ou une *dégradation* d'un intelligible qui lui préexisterait et qui lui servirait de modèle. Le monde intelligible n'existe pas, et même s'il existait, nous ne pourrions le savoir ni le connaître. L'apparaître est l'être même, et non pas un ensemble de fantômes ou d'apparences trompeuses. Tout ce qui apparaît est *réel*, tandis que c'est la coupure entre l'apparaître et l'être qui est illusoire, fantasmagorique, délirante. D'autre part, nous ne pouvons garantir, selon Berkeley, la thèse de l'existence des qualités premières hors de nous. Rappelons que les tenants du matérialisme prétendent qu'il y a deux sortes de qualités sensibles dont les unes ont le privilège de posséder un statut ontologique, tandis que les autres ne sont rien de moins qu'un effet de phénoménalité. Nous avons donc, selon eux, d'un côté, les qualités premières (= simples et universelles) qui composent l'extériorité spatiale, et, de l'autre, les qualités secondes dont ils refusent l'existence hors de l'esprit. Le réel se composerait donc, selon eux, d'entités matérielles telles que la figure, la grandeur, le mouvement, le tridimensionnel, mais il serait incapable de manifester *par lui-même*, c'est-à-dire sans passer par une subjectivité ou un sentir, des qualités comme par exemple le rouge, le chaud, la douleur, l'aigu, le doux, etc. Berkeley admet – et n'a de cesse de l'affirmer – avec les matérialistes qu'il n'y a pas de qualités secondes hors de l'esprit, puisque leur existence est entièrement d'être sentie. La douleur que j'éprouve au contact de l'aiguille n'est sentie que par moi, et non par ceux qui m'entoureraient éventuellement au moment de la piqûre. Mais elle n'existe pas non plus dans l'objet, elle n'est pas même une propriété de l'objet. Le piquant est une sensation, et il n'existe donc comme tel que dans moi qui le sens. C'est dire qu'on ne peut vouloir piquer par exemple une pierre à l'aide d'une aiguille sans être aussitôt couvert de ridicule. Car, en pareil cas, où serait le piquant ?

Mais Berkeley attire l'attention sur le fait que nous pouvons très bien utiliser le même procédé que celui des matérialistes qui prouvent la non-substantialité des qualités secondes pour prouver à notre tour la non-substantialité des qualités premières. La méthode qu'ils suivent permet en fait tout autant de prouver ce qu'ils ont pourtant à cœur de conserver comme entités matérielles hors de l'esprit, à savoir

---

[51] George Berkeley, *Dialogues entre Hylas et Philonous*, Dialogue III, *op. cit.*, p. 211.

l'inexistence des qualités premières hors de nous.

Ainsi, pour montrer le caractère *immanent* de toutes les qualités sensibles, Berkeley a recours au même argument que celui des partisans de la matière à propos des quantités secondes, et cet argument, tout subjectif, est celui du *point de vue*, de la *relativité*, du *centre de référence*. En quoi consiste-il ? L'argument consiste à montrer la nécessaire articulation de *toutes* les qualités sensibles – y compris donc les qualités premières qui n'échappent pas à l'argument – à l'esprit. Par exemple, la perception de la distance dépend de l'angle auquel on se place. De même, la distance est toujours *comparée*, *relative à* ; elle varie selon les changements de lieux, par rapport auxquels on l'appréhende. Vue de loin, une maison paraît petite, alors que, vue de près, on ne parvient pas à l'embrasser d'un seul regard. Bref, toute perception de l'espace nécessite un détour subjectif. Le regard du spectateur est ainsi la mesure de la vérité des objets[52].

« J'ajouterai encore que le procédé qui sert aux philosophes modernes à prouver que certaines qualités sensibles n'existent pas dans la matière et hors de l'intelligence, peut également prouver qu'il en est de même pour toutes les autres qualités sensibles, quelles qu'elles soient. Ainsi, par exemple, la chaleur et le froid, dit-on, sont uniquement des modes de l'intelligence, et nullement les doubles de réalités qui existeraient dans les substances corporelles qui les provoquent, car le même corps, qui paraît froid à une main, semble chaud à l'autre. Or, pourquoi ne pas soutenir également que forme et étendue ne sont ni les doubles ni les copies de qualités qui existeraient dans la matière ; car le même œil en diverses positions, ou des yeux de structures différentes en même situation les voient différemment ; aussi ne peuvent-elles être les images d'une réalité stable et déterminée, extérieure à l'intelligence ? En outre, la douceur, prouve-t-on, n'est pas effectivement dans la chose sapide : car, alors que la chose demeure sans changement, la douceur se change en amertume, comme dans le cas de la fièvre ou de toute altération du palais. N'est-il pas aussi raisonnable de dire que le mouvement n'existe pas hors de l'intelligence ; car toute accélération de la suite des idées dans l'intelligence, reconnaît-on, fait apparaître

---

[52] Ce regard est aussi la mesure de la beauté. Appliqué au domaine des arts, un tel perspectivisme conduit à poser comme règle et critère de la beauté l'apparence des belles formes. Une œuvre est belle (proportionnée, harmonieuse), non pas parce qu'elle est belle telle qu'elle est en elle-même, mais parce qu'elle *paraît* belle. Tel semble être le trait caractéristique de l'art grec du Ve siècle av. J.-C. Sur ce point, voir Michel Haar, *L'œuvre d'art*, Paris, Hatier, 1994, p. 13 : « L'art grec du Ve siècle recherche la vraisemblance et se soumet aux déformations de la vision ; il corrige les formes et les proportions suivant le point de vue du spectateur. Ainsi pour que, vues d'en bas, les parties supérieures d'une statut placée au fronton d'un temple ne paraissent pas plus petites, on les agrandit par rapport aux parties inférieures. L'artiste fait ainsi passer l'apparence pour le spectateur avant la vérité intrinsèque de la figure représentée ».

plus lent le mouvement, [sans qu'il y ait aucun changement dans l'objet extérieur] »[53].

D'où il résulte une conséquence qui mérite d'être relevée : la perception est mêlée de subjectivité. Quand je perçois quelque chose, ce ne sont pas seulement mes organes des sens qui perçoivent, mais moi. C'est dire combien l'esprit est toujours déjà impliqué dans ce qu'il perçoit. Percevoir suppose l'*animation* d'un corps et l'*incarnation* d'une âme. Cela suppose le sentiment intérieur de l'union de l'âme et du corps. Ce qui revient à dire que le sentir humain est spirituel, qu'il est nécessairement chargé d'un sens. Sentir, c'est toujours sentir *d'une certaine façon*, en tant que je suis pénétré d'un esprit, d'un sens. Je suis sensible au sensible parce que mes sens sont spirituels, imprégnés par un esprit. Sentir, ce n'est pas sentir *brutalement*, mais *humainement*, en tant que le sensible est lié au spirituel. L'humanité du sentir veut dire sa spiritualité. C'est pourquoi les sens sont soumis à une éducation, à un apprentissage. Le musicien apprend à exercer son sens auditif de façon à percevoir derrière les sons désordonnés, derrière la cacophonie et le bruit, une mélodie ou une harmonie. Une sensation qui n'est pas accompagnée d'un esprit est vide, abstraite, aveugle, insignifiante, *insensible*. Le sentir brut n'est pas sensible (humain) parce qu'il n'est pas spirituel, mais immédiat, naturel, pure vacuité. Sentir, ce n'est pas sentir avec tout le poids de son corps, mais avec celui de son âme unie à un corps qui n'est plus, par là même, corporel ou matériel. Sentir, c'est être un sujet incarné, doué d'une âme[54].

De là vient que l'expérience est toujours déjà mise en forme, pourvue d'un sens, construite subjectivement, investie par une conscience. Certes, la subjectivité ou la relativité du sentir peut comprendre des déterminations liées à une histoire, à une culture, à une classe, à un sexe, etc. Sentir, ce n'est pas seulement sentir avec et par soi, c'est sans doute aussi appréhender tout un monde à travers une culture, une histoire, un sexe, etc. Mais reste que l'expérience est toujours *ordonnée, structurée* par l'esprit, animée d'un sens, incarnée par du spirituel.

Dans ces conditions, dire que la perception est de percevoir des objets figés qui auraient une existence fixe et absolue hors de l'esprit est, selon le vocabulaire de Berkeley, une *abstraction*, un abus de langage. Dire que les objets ont des propriétés spatiales distinctes et indépendantes de l'esprit qui les perçoit relève, selon Berkeley, de la doctrine « des idées abstraites » :

« En outre, la *grandeur* et la *petitesse*, la *lenteur* et la *rapidité*, admet-on, n'existent

---

⁵³ George Berkeley, *Principes*, I, *op. cit.*, §14, p. 219.
⁵⁴ Nous trouvons, chez Descartes, comme les prémices de cette idée. Cf., René Descartes, *Dioptrique*, IV, dans *Œuvres philosophiques*, Tome I, Paris, Classiques Garnier (éd. de F. Alquié), 1993, p. 681-682 : « On sait déjà assez que c'est l'âme qui sent, et non le corps ».

nulle part hors de l'intelligence ; car elles sont entièrement relatives et varient selon les variations mêmes des organes des sens en structure et position. Donc l'étendue, qui existe hors de l'intelligence, n'est ni grande ni petite, le mouvement n'est ni rapide ni lent ; c'est-à-dire, ils ne sont rien du tout. Mais, dites-vous, il s'agit de l'étendue en général, et du mouvement en général. C'est ainsi que nous voyons combien le dogme de l'existence extérieure à l'intelligence de substances étendues mobiles dépend de cette étrange doctrine des *idées* abstraites »[55].

De même que nous ne pouvons nous représenter l'espace en général, nous ne pouvons nous représenter le mouvement en général. Il nous est en effet impossible d'avoir une idée du mobile effectuant le pur mouvement, impossible de nous représenter une trajectoire, une direction, une vitesse *en général*. L'étendue, la grandeur, le mouvement en général sont, pour Berkeley, des abstractions, ce sont des constructions de l'esprit qui ne renvoient à aucune réalité particulière. Ce sont des abstractions vides, totalement indéterminées auxquelles nous donnons un nom. Aucune image sensible ne saurait correspondre à ces opérations abstraites de l'esprit précisément parce que celles-ci n'ont rien de sensible ni d'immédiat. Tout ce que nous subsumons et comprenons sous le concept de qualités premières s'identifie en réalité à de pures déterminations subjectives qui n'ont pas d'existence distincte de l'esprit.

Mais il est, selon Berkeley, une autre manière d'abuser de l'abstraction. Berkeley remarque que ceux qui établissent une démarcation entre les qualités premières et les qualités secondes font un usage abusif de l'abstraction – usage dont les implications lui semblent aberrantes. Scinder rigoureusement les qualités sensibles en deux types bien distincts conduit en fait, selon lui, à un émiettement de la chose. Toutes les choses se caractérisent par un ensemble de qualités sensibles qui forment un tout. C'est pourquoi, aux yeux de Berkeley, on ne peut vouloir séparer les qualités sensibles d'une chose sans aboutir à un éclatement de cette chose. Car une chose est toujours déjà quelque chose de constitué, d'unique, de déterminé, d'identifiable. C'est un composé dont les éléments sont intimement imbriqués les uns dans les autres. Quelle est l'unité de cette chose, demande Berkeley ? Quelle est l'unité de cette cerise, demande Philonous à Hylas ? Son unité procède, selon lui, d'une *collection* d'idées, d'un *agglomérat* de sensations. On perçoit toujours d'abord cette cerise, et non pas d'abord une certaine forme et une certaine étendue, puis de l'acidité et de la rougeur, etc. On ne perçoit pas immédiatement nos sensations qu'il conviendrait ensuite, par un effort de synthèse, de reconstituer en chose. On ne perçoit pas d'abord nos impressions sensibles, mais nécessairement d'abord *un*

---

[55] George Berkeley, *Principes*, I, *op. cit.*, §11, p. 217.

quelque chose, c'est-à-dire *une* chose dont les qualités composantes sont d'emblée unifiées par le sujet percevant. Nous retrouvons là l'implication de l'esprit dans la perception. Exister, c'est être perçu ou *percevoir*. Il n'y a pas, selon Berkeley, les qualités premières d'un côté, les qualités secondes de l'autre, mais rien que des qualités sensibles rassemblées en un tout par le percevoir. Percevoir quelque chose, c'est déjà percevoir un tout constitué. Quoique ce tout soit l'ensemble ou la somme de ses qualités, reste que la saisie de ces qualités n'est pas immédiate dans la perception. Elle exige, au contraire, qu'on s'applique, par un travail d'analyse, à déterminer le contenu du percevoir, à savoir les sensations. Autrement dit, pour Berkeley : la séparation des qualités premières et des qualités secondes est le résultat d'une pure abstraction. L'opération abstraite de l'esprit la plus extrême conduit, selon lui, non seulement à disséminer la chose en ses diverses qualités, à faire de l'existence une réalité qui n'est pas perçue (totalisée), mais encore à faire de certaines qualités, au détriment d'autres qualités, les seules propriétés de la substance. *L'abstraction parvient ainsi à son sommet quand elle fait de l'existence une réalité opposée au fait d'être perçue, quand elle oublie ou ignore que l'existence est dépendante de l'esprit et totalisée par celui-ci :*

« Or, si c'est un fait certain que ces qualités *originales* sont unies de manière inséparable aux autres qualités sensibles et qu'on ne peut, même en pensée, les en abstraire, il en résulte clairement qu'elles existent seulement dans l'intelligence. Mais je désire qu'on rentre en soi-même et qu'on tente, par une abstraction de pensée, si l'on est capable de penser l'étendue et le mouvement d'un corps sans les autres qualités sensibles. Pour moi, je le vois évidemment, je ne puis former l'idée d'un corps étendu en mouvement sans lui donner aussi une couleur ou une autre qualité sensible, qui, reconnaît-on, existe uniquement dans l'intelligence. Bref, l'étendue, la forme et le mouvement, abstraits de toutes les autres qualités, ne peuvent se penser. Ils se trouvent donc aussi là où se trouvent les autres qualités sensibles, à savoir dans l'intelligence et nulle part ailleurs »[56].

Il nous faut relever maintenant une conséquence importante : l'originaire est, chez Berkeley, ce qui est le plus lointain. Le domaine originaire est aussi celui le plus occulté, qu'il s'agit de retrouver par un travail généalogique. L'évidence même, selon Berkeley, c'est que les choses sont nécessairement présentes et associées à l'esprit, c'est-à-dire qu'elles sont des idées composées, mêlées de spiritualité.

De là dérive l'idée que Berkeley n'est pas strictement un empiriste. Berkeley n'est pas Locke. Au-delà de ce truisme se dégage une idée essentielle : Berkeley est d'accord avec Locke pour reconnaître que *l'origine* de nos connaissances s'enracine

---

[56] *Ibid.*, §10, p. 215 et 217.

dans le sentir[57]. Pour connaître, il faut commencer par sentir. Nul ne connaît le goût de l'ananas, ni n'a aucune idée du rouge s'il ne les a pas d'abord éprouvés par les sens, saisis par l'expérience. Comment décrire le rouge à un aveugle de naissance ? Le sentir comme élément primordial de la connaissance est une nécessité ontologique : rien ne peut être pensé, énoncé, prouvé s'il cela n'est d'abord pas senti. Toutes nos idées dérivent de nos sensations, voilà le point défendu par les empiristes et Berkeley.

Mais là où Berkeley se sépare radicalement de Locke, et de façon générale du principe de l'empirisme, c'est sur la question de la perception des idées simples. Alors que, pour Locke, les idées simples qui composent chaque chose sont parfaitement distinctes et accessibles immédiatement, pour Berkeley, en revanche, même si elles sont bien effectivement l'origine de chaque chose, elles ne sont pas claires et distinctes, elles ne sont pas évidentes ni rigoureusement distinguables. Il y a, chez Berkeley, *une inconcevabilité de l'élémentaire*, et c'est là précisément où il s'oppose à Locke. Tandis que, pour Locke, je puis concevoir clairement les qualités sensibles qui composent ce morceau de glace, et m'en former des idées simples distinctes comme une certaine forme et étendue, la froideur, la dureté etc., je ne puis, selon Berkeley, me représenter immédiatement que l'*unité* de ces qualités sensibles, c'est-à-dire cette chose-glace. On ne peut, selon Berkeley, séparer ou priver le morceau de glace de l'une de ses qualités sans le faire disparaître comme chose, sans se le rendre irreprésentable. Mais réciproquement, selon lui, on ne peut concevoir la froideur et la dureté de la glace qu'à travers la froideur de *cette* glace. Mais alors, parler de la froideur de *cette* glace, c'est, outre rejeter l'abstraction qui résulte de l'idée de la glace en général, poser qu'on ne perçoit de qualités sensibles qu'indissociablement contenues dans une chose particulière. *Cela revient donc à dire que c'est seulement à partir d'une chose, d'une épaisseur, qu'on peut saisir les qualités élémentaires qui composent cette chose.* Cela revient à dire que, même si l'origine des choses est inscrite dans les qualités originelles qui les composent, reste

---

[57] Locke affirme sans équivoque que l'esprit est au commencement une page blanche, une « table rase », et que toutes nos idées procèdent de l'expérience. Le fond, le sol de toutes nos connaissances, ainsi que de tous nos raisonnements est la sensation. Sur ce point, voir John Locke, *Essai philosophique concernant l'entendement humain*, II, chap. I, §3, Paris, Vrin, trad. Coste, 1983, p. 61 : « Et premièrement, nos Sens étant frappés par certains objets extérieurs, font entrer dans notre âme plufieurs perceptions diftinctes des chofes, felon les diverfes manières dont ces objets agiffent fur nos Sens. C'eft ainfi que nous acquérons les idées que nous avons du *blanc*, du *jaune*, du *chaud*, du *froid*, du *dur*, du *mou*, du *doux*, de l'*amer*, et de tout ce que nous appelons *qualités fenfibles*. Nos Sens, dis-je, font entrer toutes ces idées dans notre âme, par où j'entends qu'ils font paffer des objets extérieurs dans l'âme, ce qui y produit ces fortes de *perceptions*. Et comme cette grande fource de la plupart des idées que nous avons, dépend entièrement de nos Sens, et fe communique par leur moyen à l'Entendement, je l'appelle SENSATION ».

que ces dernières ne nous sont accessibles, aux yeux de Berkeley, que médiatement, par analyse, à partir de la chose perçue. Ce qui est premier d'un point de vue ontologique est, selon lui, dernier d'un point de vue noétique.

Par où l'on voit, dès lors, que la dissémination de cette chose, comme cette glace, en ses multiples qualités sensibles, en un divers empirique est, pour l'évêque de Cloyne, une pure abstraction. Nos sensations ne nous sont jamais données *abstraitement*, c'est-à-dire séparées ou isolées de cette chose, mais c'est à partir de cette chose que les données sensibles nous sont livrées[58].

Puisque donc les qualités premières sont nécessairement unies aux qualités secondes et que ces dernières n'existent, de l'aveu même des partisans de la matière, que dans l'esprit, il s'ensuit que *toutes* les qualités sensibles n'existent que dans la chose perçue, c'est-à-dire dans le représenter :

« Quand aux assertions des philosophes sur le sujet et le mode, elles paraissent tout à fait injustifiées et inintelligibles. Par exemple, dans cette proposition "un dé est dur, étendu et carré", ils soutiendront que le mot *dé* désigne un sujet, une substance, distincte de la dureté, de l'étendue et de la forme qui sont ses prédicats et qui existent en lui. Je ne peux le comprendre : un dé, me semble-t-il, ne se distingue en rien de ces choses qu'on appelle ses modes ou ses accidents. Dire qu'un dé est dur, étendu et carré, ce n'est pas attribuer ces qualités à un sujet qui s'en distingue et les supporte ;

---

[58] Voir, sur ce point, les analyses de Robert Legros, et l'objection pertinente qu'il adresse à l'empirisme, celle-là même que nous estimons être au cœur de la pensée de Berkeley, dans *L'idée d'humanité – Introduction à la phénoménologie*, Paris, Grasset, 1990, p.128-130 : « Car si l'on ne peut parler de la blancheur du lys, qui est une couleur abstraite, mais seulement de la blancheur ou de l'arôme d'*un* lys, force est alors de reconnaître que c'est depuis un lys que se donne la blancheur et l'odeur du lys ; et ce n'est donc pas depuis une blancheur donnée et une odeur donnée que, par association de qualités sensibles, on accède à l'identification ou à la reconnaissance d'un lys. Force est dès lors de concevoir ce que toute l'argumentation empiriste s'applique à nier, à savoir que la couleur ou l'odeur d'une chose *appartient au lys* ; que la blancheur du lys apparaît comme plus pure ou plus innocente d'être celle d'un lys, comme la pâleur laineuse de l'edelweiss s'imbibe de noblesse d'être celle de l'edelweiss. Que dès lors les sensations ne sont pas des données immédiates et neutres qui seraient premières et à partir desquelles serait induite l'existence d'une chose, ne nous sont jamais données abstraitement – séparément des choses -, ou du moins s'altèrent quand elles sont isolées, ne se révèlent de prime abord qu'incrustées dans des choses qui elles-mêmes ne se montrent que prises dans un monde spirituel qui nous est déjà ouvert. En un mot : une chose n'est pas une association de sensations données. […] Car dire que chaque qualité sensible frappant nos sens produit dans l'âme une idée simple, c'est dire que le sensible est sans épaisseur, sans profondeur, sans secret : que l'on ne doit jamais apprendre à écouter, à regarder, à goûter. Or non seulement l'accès au sensible est lié à un apprentissage qui ne modifie en rien la constitution organique des sens, mais il faut en outre avouer que cet apprentissage, loin d'éclaircir des sensations premières, et de rendre le sensible plus évident, ouvre à un sensible plus riche et plus secret, plus profond, plus vaste. Et peut même nous inciter à penser que le parfum respiré au creux d'un lys est "plus savant que nos livres" ».

c'est seulement expliquer le sens du mot *dé* »[59].

Percevoir, c'est dès lors avoir affaire à du général. Ce serait faire un contresens que d'affirmer que Berkeley rejette toute abstraction. Berkeley admet une forme d'abstraction, celle qui justement engage l'esprit dans l'*unification* et la *totalisation* des qualités sensibles (l'intellection). Dans la mesure même en effet où il fait de cette chose l'objet premier de la perception, il présuppose toujours l'unité du perçu et l'implication du percevoir. Berkeley n'est pas un empiriste à la façon de Locke qu'il critique par ailleurs fortement.

Percevoir, c'est percevoir un ordre à l'intérieur duquel se manifestent et s'accordent les idées. A la question de savoir ce qui nous garantit que nos idées correspondent bien aux choses telles qu'elles sont en elles-mêmes, Berkeley répond que les idées ne ressemblent qu'aux idées, qu'à une idée ne correspond qu'une idée. L'inhérence des idées à l'esprit implique qu'elles s'indiquent elles-mêmes, et non en vertu d'une quelconque extériorité. Les idées ne renvoient pas à autre chose (à une extériorité absolue hors de l'esprit) qu'à elles-mêmes. La blancheur de ce lys s'indique comme blanche, et elle ressemble à la blancheur de cet autre lys. C'est pourquoi, il n'y a pas, selon Berkeley, de réalité derrière les apparences, il n'y a pas de nature dernière des choses ni de dualisme[60].

Mais comment s'organisent les idées entres elles ? Percevoir, c'est en effet être en face d'un monde ordonné. Les idées sensibles, qui sont les seules entités connaissables, nous sont données au sein même d'un ordre. Mais précisément, cet ordre n'est pas sensible, il n'est jamais donné aux sens. Il est construit. Notons là l'ambiguïté : le sensible, bien que parfaitement sensible, est rendu sensible par

---

[59] George Berkeley, *Principes*, I, *op. cit.*, §49, p. 251.

[60] Sur les critiques berkeleyennes de ce que nous appelons le dualisme, nous renvoyons à l'étude de Geneviève Brykman, *Berkeley, et le voile des mots*, Paris, Vrin, 1993, et notamment au chap. VII « Le déni de la matière », sect. III, p. 251-252, où il est d'abord question d'une présentation de la doctrine dite de la perception-voile : « Rappelons d'un mot que la doctrine de la perception-voile, ou "théorie de la perception représentative" prétend s'opposer au "réalisme naïf". Celui-ci admet sans critique qu'il y a des choses hors de nous, que nous percevons et dont nous sommes complètement distincts ; et il considère – coupablement aux yeux des adeptes de la théorie représentative - que nous percevons directement les choses, telles qu'elles sont réellement, sans que nos organes des sens fassent le moins du monde *écran* entre nous et les choses. A l'inverse, la doctrine de la perception représentative (*i.e.* Perception-voile) soutient : 1) qu'il y a dans la perception des intermédiaires, à savoir, pour le moins les causes organiques de nos sensations et ces sensations mêmes ; 2) que nos sensations sont "représentées" par des idées qui seraient, elles, "mentales" et seraient miraculeusement d'assez bonnes "images des choses", à la fois "écran à", et instruments pour la connaissance des choses hors de nous ; 3) que nous ne voyons jamais les choses telles qu'elles sont en elles-mêmes. Or, dès l'instant où l'on admet l'existence d'un voile perceptif, non seulement on concède que nous ne pouvons aucunement connaître la nature derrière des choses, mais encore on reconnaît que nous ne sommes pas même assurés qu'il existe une réalité derrière les apparences ».

l'instauration d'un ordre commun, qui n'est pas sensible. L'ordre n'est pas objet d'expérience, mais connu par expérience. C'est dire que l'ordre n'est pas une chose, soit : que nous n'avons pas l'idée de l'ordre. Nous sommes sensibles au sensible parce qu'il est lié à quelque chose qui excède les données des sens. Il est lié au spirituel. La grande intuition de Berkeley est d'avoir souligné que l'existence est non seulement d'être perçue, mais également de *percevoir*, c'est-à-dire d'agir et de vouloir. L'esprit est, selon lui, cause et action, c'est-à-dire qu'il est impliqué comme principe de détermination dans la mise en ordre du monde. Mais ce n'est pas à dire que les hommes sont les auteurs de la nature. Cela ne signifie pas non plus que les esprits finis sont les *maîtres* de cet ordre. Les esprits finis *observent* un ordre qu'ils ne commandent pas. Ils en sont les *témoins*. Le perçu est perçu comme un monde parce qu'il est réglé (ordonné) par une structure d'ensemble qui, n'étant pas donnée aux sens, les dépasse infiniment. C'est par cet ordre que les différentes parties de l'univers nous apparaissent comme cohérentes, et les événements comme connexes. L'expérience est objective parce qu'elle est ordonnée de telle façon que les idées s'accordent entre elles et que les mêmes idées correspondent aux différents esprits.

Insistons-y : les hommes n'ont bien évidemment pas décrété cet ordre. Ils sont simplement doués d'intelligence et capables de saisir cet ordre, de *le lire*. De même que, lorsque nous lisons un ouvrage, nous en reconstituons (dévoilons) le sens, de même, quand nous percevons, nous reconstruisons l'ordre de la nature établi par Dieu.

Dès lors, à la question de savoir ce qui nous garantit que ce que nous pensons, énonçons, percevons, correspond bien à l'objet pensé, énoncé, perçu, il faut désormais répondre : l'ordre, que nous pensons, énonçons, percevons est celui-là même que Dieu a institué et que nous saisissons (dévoilons) de façon inhérente à notre esprit.

Chapitre II

L'ordre spirituel

L'idée n'est pas, chez Berkeley, représentative d'autre chose, mais la chose même. A la différence de Descartes, l'objet, ce qui est placé devant moi, est tel que je le vois. Les idées ne sont pas, selon lui, les images des choses. Si Descartes affirmait que les idées sont comme les images des choses, mais que celles-là ne ressemblent pas à celles-ci, Berkeley, lui, souligne que les idées ne sont pas les copies des choses, mais qu'elles se ressemblent. Selon Berkeley, ce que les idées représentent n'est pas dissemblant par rapport à la réalité. Les idées ne sont pas les images dissemblantes des choses, mais les choses mêmes. Le propre des idées est de représenter les choses telles quelles. Il n'y a dans l'idée aucun élément de déformation du réel. L'idée n'est pas un aspect dégradé de la chose. Dire que la donnée sensible ne *reproduit* pas la chose, c'est dire qu'elle n'a pas un statut de copie ou de contrefaçon. C'est signifier qu'elle se donne comme ce qu'elle est, car *il n'y a rien au-delà d'elle*. L'idée n'a pas à imiter un modèle qu'elle n'a pas. Étant à elle-même son propre modèle, rien ne lui est antérieur ni préexistant. L'idée n'est donc pas, chez Berkeley, de l'ordre de la *mimèsis* comme l'image chez Platon[61]. Berkeley renonce au dualisme métaphysique du sensible et de l'intelligible.

L'acquis essentiel de la doctrine berkeleyenne de l'idée repose sur l'explicitation du caractère passif de l'idée comme élément de la connaissance. Berkeley voit dans la représentation la « fidélité passive » au donné. La perception donne accès à des informations ayant une valeur indubitable. Le propre de la donnée sensible est d'être sensible, et donc immédiate, ce qui implique qu'elle n'a pas besoin d'intermédiaires pour être donnée. Le monde se livre, à travers l'idée, dans une totale transparence.

Dans une telle perspective, les idées ne sont ni vraies ni fausses. Il n'y a pas, chez Berkeley, d'*idée vraie* comme chez Spinoza. Étant la chose elle-même, l'idée ne saurait être la procédure intellectuelle par laquelle on la montre en accord avec la chose. L'idée n'est pas démonstrative. Elle est sensible. Berkeley appelle les choses des idées seulement pour souligner leur inhérence à l'esprit. Une idée n'est ni vraie ni fausse, elle *est* ; elle est *réelle*. Il ne peut y avoir de *distinction de raison* entre les idées, puisqu'elles ne sont pas des modes de penser, mais des choses.

Mais si l'on se place du point de vue de l'esprit qui perçoit les idées, alors il convient de dire que les idées sensibles sont *nécessairement vraies*, et cela parce qu'elles sont adéquates aux choses. Dans la mesure où il ne saurait y avoir, selon Berkeley, de

---

[61] Voir notamment Platon, *République,* livre X.

distance entre l'idée et ce qu'elle représente, il résulte de là une parfaite adéquation entre les deux. Qu'une idée puisse être fausse, voilà ce qui, à ses yeux, n'est pas tenable. Est susceptible de fausseté, non pas les choses qui sont pour l'esprit toujours vraies, mais le discours qui est tenu sur elles. Seul peut être faux le contenu de l'énoncé ou le jugement sur le monde, non le monde lui-même. Il ne peut donc non plus y avoir de *distinction réelle* entre les idées sensibles, puisqu'elles sont nécessairement en accord avec l'objet, c'est-à-dire avec elles-mêmes.

A y regarder de plus près, on s'aperçoit cependant que dire que les idées ne sont ni vraies ni fausses, qu'elles sont, et dire qu'elles sont nécessairement vraies, c'est signifier au fond la même chose. La différence consiste uniquement en ce que dans le premier cas, on se place d'un point de vue ontologique, tandis que, dans le second, on s'en tient au registre de la connaissance. En rigueur de termes, on devrait dire : les idées ne sont en elles-mêmes ni vraies ni fausses, encore qu'elles soient pour nous nécessairement vraies. Or, puisqu'elles sont nécessairement pour nous, il s'ensuit qu'elles sont toujours vraies. Dès lors, la vérité de l'idée n'ouvre pas à des variations ni à des différences, elle n'est pas relative. La vérité de l'idée est absolument vraie, *elle n'admet pas de degrés*, ce qui autrement conduirait inéluctablement au scepticisme. Le sujet connaissant et l'objet à connaître peuvent donc entrer en relation, ils peuvent coïncider[62].

Mais le projet de Berkeley ne se borne pas au combat contre le scepticisme. Il est aussi et surtout *apologétique*, comme en témoigne avec une très grande limpidité la dernière section des *Principes* :

« Car, après tout, ce qui mérite la première place dans nos études, c'est la considération de DIEU et de notre devoir, la fin principale et le dessein essentiel de mes travaux ont été d'en favoriser le progrès ; aussi les estimerais-je complètement inutiles et inefficaces si mes assertions ne pouvaient inspirer à mes lecteurs un pieux sentiment de la Présence de Dieu ; et si, pour leur avoir montré l'erreur et le vanité des spéculations erronées qui occupent essentiellement les savants, elles ne pouvaient les mieux préparer à révérer et à embrasser les vérités salutaires de l'Évangile ; les connaître et les pratiquer, c'est la plus haute perfection de la nature humaine »[63].

Il s'agit avant tout pour Berkeley de défendre les vérités de la foi contre l'athéisme naissant et le déisme ambiant. Corrélativement à l'effort pour mettre en retrait tout

---

[62] Il s'agit bien évidemment de rapprocher ces analyses de la conception de la vérité, inaugurée par saint Thomas, comme adéquation à la chose : « *Veritas constitit in adaequatione intellectus et rei* », dans *Somme Théologique*, première partie, Question 16, Paris, Éditions du Cerf, 1984.
[63] George Berkeley, *Principes*, I, *op. cit.*, §156, p. 361.

ce qui touche à la matière, Berkeley laisse émerger du monde sa spiritualité. *Nulle part cette spiritualité n'est plus manifeste, selon lui, que dans le monde.* Mais où se trouve donc cette spiritualité ?

L'idée, telle est en effet, selon lui, non pas la structure essentielle du monde, mais le monde lui-même. Il ne suit pas de là naturellement de distinction radicale entre l'idée et ce dont elle est l'idée. L'idée ne vise pas un au-delà qu'elle pressent sans pouvoir tout à fait le connaître. Elle se dirige en fait immédiatement sur le « quelque chose » auquel elle s'identifie. L'objet de la perception, c'est l'idée exempte de tout dehors.

Mais précisément, si l'idée et la chose ne font qu'un, il y a tout lieu de se demander en quel sens et dans quelle mesure le monde peut se trouver pénétré de part en part de spiritualité. Car, selon Berkeley, les idées, étant essentiellement passives, n'ont rien de spirituel. Elles ont, certes, quelque chose à voir avec le spirituel en ce qu'elles ne s'adressent qu'à des esprits. Mais elles ne sont pas spirituelles parce qu'elles sont foncièrement passives. Le privilège de l'activité revient, chez lui, aux seuls esprits. Seuls les esprits sont spirituels parce que, justement, ils sont éminemment actifs. Les esprits sont les seuls êtres qui puissent êtres qualifiés de spirituel en raison de leur faculté active d'engendrement, au nom de leur capacité à produire effectivement quelque chose. Berkeley se soucie de mettre en place une démarcation stricte entre les idées et les esprits, la passivité et l'activité :

« Rien ne semble plus important pour l'établissement d'un système solide de connaissances judicieuses et réelles, qui soit à l'épreuve des attaques *sceptiques*, que d'établir à l'origine une explication précise du sens des mots *chose, réalité, existence* ; en vain discuterions-nous de l'existence réelle des choses, en vain prétendrions-nous en obtenir une connaissance, tant que nous n'aurions pas fixé le sens de ces mots. *Chose* ou *être* est le nom le plus général de tous : il comprend deux genres, complètement séparés et hétérogènes, qui n'ont rien de commun que le nom : les *esprits* et les *idées*. Les premiers sont des *substances actives, indivisibles et* [*incorruptibles*] ; les secondes sont [des *états passifs éphémères*], *inertes, fugitifs,* des *êtres dépendants* qui ne subsistent pas par eux-mêmes, mais qui sont supportés par des intelligences ou substances spirituelles et qui existent en elles »[64].

Il est, aux yeux de Berkeley, totalement impossible d'attribuer aux esprits un caractère passif sous peine de les nier comme esprits. Car autrement, cela reviendrait à faire des esprits des choses.

On ne peut donc tenir de discours chosifiant sur l'âme. L'esprit n'est pas *par lui-*

---

[64]*Ibid.*, §89, p. 289.

même agi. *L'âme n'est pas, selon Berkeley, soumise à des lois, à des phénomènes naturels.* C'est pourquoi Berkeley refuse d'admettre qu'on puisse avoir une quelconque idée de l'âme. Il est impossible de confondre les esprits et les idées, car les esprits ne sont pas déterminés à agir de la même façon que sont déterminés à se mouvoir les corps. Les esprits ne sont pas causés, mais cause. Supposer qu'on puisse avoir une quelconque idée de notre âme est par principe impossible puisqu'une âme est *percevante*, et non *perçue*. De cette impossibilité les athées concluent à tort à l'inexistence des âmes. Mais la possibilité d'une telle confusion est aussi par définition dangereuse et inacceptable pour la morale. Car confondre l'âme et l'idée, c'est abolir en l'homme son âme, c'est-à-dire son « libre-arbitre », sa liberté d'action, son autodétermination. L'affirmation berkeleyenne selon laquelle il n'y a de causes que spirituelles est destinée à légitimer les valeurs morales et religieuses, les notions de justice et de culpabilité, l'imputabilité et la responsabilité d'une action, la possibilité du rachat, etc. Corrélativement, elle est destinée à bannir et à condamner les vices ainsi que le mal. Kant a nettement perçu la nécessité de supposer en l'homme une dimension libre sans laquelle les notions de justice et d'injustice, de bien et de mal perdraient tout sens. On ne fait pas le procès à une tuile qui, en tombant du toit à cause du vent, a tué une personne. On ne traduit pas devant un tribunal un animal qui aurait mordu et tué quelqu'un. La condition de possibilité du droit et de la morale repose sur la supposition de la liberté humaine conçue comme cause première, comme cause non causée, comme puissance de commencer. Bien que la liberté ne soit pas un phénomène, bien qu'elle n'apparaisse pas à la conscience, il n'en reste pas moins qu'il faut bien la supposer et la concevoir en termes de causalité (principe d'action), tel est ce que met notamment en avant Kant dans la troisième antinomie de la raison pure.

Une telle conception de la liberté est solidaire de la religion. Kant n'a fait au fond que laïciser un principe biblique selon lequel Dieu, ayant fait l'homme à son image, l'a doté d'une volonté libre et ample[65]. L'homme, en tant qu'être essentiellement spirituel, décide souverainement de ses actions, est agent libre :

« Je peux ainsi induire à partir de faits singuliers que l'homme est un agent libre, même si je suis gêné pour définir ou concevoir une idée de la liberté en général et dans l'abstrait. Et si l'homme est libre, il est de toute évidence responsable [...]. Si nous examinons les notions de culpabilité, de mérite, de louanges et de reproches,

---

[65] Sur ce point, Descartes a, lui aussi, repris, dans la quatrième *Méditation*, la lettre de la Bible : « Il n'y a que la seule volonté, que j'expérimente en moi être si grande, que je ne conçois point l'idée d'aucune autre plus ample et plus étendue : en sorte que c'est elle principalement qui me fait connaître que je porte l'image et la ressemblance de Dieu », dans *Méditations métaphysiques*, IVᵉ, *op. cit.*, p. 460-461.

de responsabilité et d'irresponsabilité qui ont cours dans le monde, nous verrons qu'en vue de féliciter ou de blâmer, d'acquitter ou de condamner un homme, il s'agit toujours de savoir s'il a commis l'action en question et s'il était lui-même quand il l'a commise. Ce qui revient au même. Donc, semblerait-il, dans les relations courantes entre les individus, tout homme est considéré comme responsable du seul fait qu'il est agent. Et quand bien même vous me diriez que l'homme est inactif, et que les objets sensibles agissent sur lui, ma propre expérience me convainc néanmoins du contraire. Je sais que j'agis et je suis responsable de mes actions. Et si cela est vrai, le fondement de la religion et de la morale demeure inébranlable. La religion a pour seul souci de voir l'homme tenu pour responsable »[66].

Alors que les idées sont de simples effets, les esprits seuls, pour Berkeley, sont des causes. S'il y a du mouvement dans le monde, des phénomènes qui se bousculent et qui changent, c'est parce que ces phénomènes sont les effets déterminés par des causes extrinsèques ou, dans le langage de Berkeley, parce qu'ils sont des idées produites par des esprits. Or, on sait que les idées sont perçues, et donc, à ce titre, fondamentalement reçues. Dès lors, la question se pose de savoir comment des esprits peuvent produire les idées qu'ils ne font en réalité que percevoir ? Il faut toujours veiller à se souvenir que, chez Berkeley, il n'y a de causes que spirituelles, extraphénoménales, tandis que, pour ce qui est des effets, ils se ramènent aux idées, c'est-à-dire aux phénomènes eux-mêmes. En d'autres termes, pour penser la cause des phénomènes, il faut supposer que les choses sont investies par les esprits. Mais la difficulté ici tient au fait que les idées sont inactives, et semblent dépourvues de toute spiritualité. Comment alors les esprits peuvent-ils interférer sur les idées ?

La passivité des idées leur ôte tout pouvoir efficace. Elles sont incapables de produire un effet. Le corps qui se meut n'est pas le principe du mouvement. Lors du choc de deux corps, on assiste à une mise en mouvement. On a affaire à un mouvement, mais pas aux causes de ce mouvement. Lors d'une telle rencontre, les corps n'interagissent pas, ils restent l'un pour l'autre entièrement passifs. La physique porte sur l'étude du mouvement des corps. Elle a pour objet la passivité, lors même qu'elle croit avoir affaire à des causes. Le mouvement est chose passive, vu que c'est une idée. Il est perçu immédiatement par les sens, il est une donnée exclusivement sensible. *Le physicien, comme le commun des mortels, confond habituellement le mouvement et la cause efficiente du mouvement.* On croit spontanément que la causalité est phénoménale, alors qu'en réalité il n'y a pas d'idée de la cause, mais jamais rien de moins qu'une cause de l'idée. La métaphysique apparaît, chez Berkeley, comme la seule science qui sache que les causes ne sont

---

[66] George Berkeley, *Alciphron, op. cit.*, p. 366-367.

pas phénoménales. Seuls les métaphysiciens ont affaire aux véritables causes :

« Toutes nos idées, sensations, notions ou les choses que nous percevons, de quelque nom que vous les caractérisiez, sont visiblement inactives : elles n'enferment aucune parcelle de pouvoir ou d'activité. Aussi une idée, un objet de pensée, ne peut produire ni créer de changement dans une autre idée [...]. On en conclut évidemment que l'étendue, la forme et le mouvement ne peuvent être les causes de nos sensations. Aussi déclarer que celles-ci sont les effets de pouvoirs qui résultent de la configuration, du nombre, du mouvement et de la taille des corpuscules, c'est assurément se tromper »[67].

La nature présente un cours régulier. L'enchaînement des idées y est uniforme. Observer la nature, ce n'est pas assister à une connexion nécessaire entre les événements, mais seulement à une *succession régulière* des phénomènes. Nous avons vu que les idées sont passives, et qu'à ce titre elles ne produisent rien. En outre, elles sont contingentes et particulières, ce qui ne peut satisfaire à l'exigence de nécessité et d'universalité de la relation causale. Les lois de la nature ne sont pas des causes, mais des lois de régularité touchant des phénomènes contigus. La relation causale n'est pas objet d'expérience. Le feu n'a pas le pouvoir réel de brûler. Il n'y a pas dans le feu une qualité sensible efficace. On ne saurait faire l'expérience sensible et propre de la cause de la combustion. Le feu n'a pas une propriété toute intérieure de produire un effet, il n'enferme pas de cause. Il n'y a pas dans le feu un phénomène distinct de pouvoir causal dont nous puissions faire l'expérience immédiate et personnelle. En un mot : la cause n'est pas dans le monde.

La cause n'est pas donnée, elle est absente de la nature. Et pourtant, on ne se lasse pas de constater des régularités au sein de la nature. La philosophie naturelle, si elle ne parvient pas à déterminer les causes, observe et décrit néanmoins des régularités. L'utilité de cette science est d'établir des lois certaines et générales permettant de faire des prévisions. Mais d'où vient cet ordre qui ne cesse de nous surprendre ? Comment la nature peut-elle manifester une telle organisation, dès lors qu'on la conçoit comme exempte de tout pouvoir ?

C'est que, pour Berkeley, les idées sont agencées et ordonnées par Dieu de façon cohérente et uniforme. La causalité du monde n'est pas dans le monde. La causalité est, pourrait-on dire, verticale, elle est menée à son accomplissement par Dieu. C'est dire que *le monde enveloppe la présence d'une absence*. La métaphysique est cette science qui nous révèle la verticalité, c'est-à-dire la divinité de la cause efficiente. Le fondement et l'origine du monde repose sur l'Être infiniment parfait. Dieu est présent, il se manifeste à nous par l'ordre qu'il institue dans le monde. Il n'est

---

[67] George Berkeley, *Principes*, I, *op. cit.*, §25, p. 229.

nullement besoin d'attendre des miracles, des phénomènes qui sortent du cours ordinaire des choses pour se convaincre de sa présence. Les hommes sont enclins à *croire* devant l'extraordinaire, l'anormal, le merveilleux, le surnaturel. En réalité, il suffit d'être attentif à la beauté, aux proportions, à l'harmonie de la nature pour se convaincre de la proximité de Dieu. *L'ordre est le témoignage de sa présence*. C'est Dieu qui assure le passage d'un état à un autre, l'uniformité et l'enchaînement des événements :

« L'âme humaine anime seulement un petit corps, une particule insignifiante en regard des grandes masses de la nature, des éléments, des corps célestes et du système du monde […]. Un homme ne peut fabriquer de ses mains une machine aussi admirable que la main elle-même. Aucun des mouvements qui témoignent de la raison humaine ne peut égaler l'habileté et l'invention propres à ces admirables mouvements du cœur, du cerveau, et des autres parties vitales, indépendantes de la volonté humaine […]. Ne s'ensuit-il donc pas que les mouvements naturels, indépendants de la volonté humaine, permettent de conclure à une puissance et à une sagesse incomparablement plus grandes que celles de l'âme humaine ? […]. En outre, les productions et les effets de la nature ne reflètent-ils pas une communauté d'intention visible ? Les règles n'en sont-elles pas fixes et immuables ? Les lois du mouvement ne sont-elles pas les mêmes partout ? Identiques en Chine et ici, il y a deux mille ans et aujourd'hui ? […]. N'y a-t-il pas aussi un lien ou une relation entre les animaux et les végétaux, entre ces deux espèces et les éléments, entre les éléments et les corps célestes ? Ainsi, leur rapport, leur influence, leur subordination, leur utilité réciproque permettent de les considérer comme les parties d'un tout, car ils concourent tous à une seule et même fin, remplissent le même but […]. Ne doit-on pas en conséquence faire résider cette puissance et cette sagesse immensément grandes et infinies, dans un seul et même Agent et Esprit, une seule Intelligence ? Et n'avons-nous pas une certitude au moins aussi claire, complète et immédiate de l'existence de cet Esprit infiniment sage et puissant que de toute âme humaine en dehors de la nôtre [68]?

De ces pages admirables ressortent deux points :

- D'une part, Berkeley a recours à la preuve physico-théologique, ou preuve par la finalité, pour démontrer l'existence de Dieu. Il donne une preuve *de fait* de son existence. Cette preuve est tirée de la nature, de l'expérience immédiate. Il s'agit simplement d'observer autour de soi pour y découvrir Dieu. Bien qu'Il ne soit pas perçu immédiatement par les sens, Il se découvre à nous par ses effets, *a posteriori*. Certes, nous ne percevons pas les causes. Reste que nous pouvons les connaître en

---

[68] George Berkeley, *Alciphron*, Dialogue IV, *op. cit.*, p.167-168.

remontant des effets jusqu'à elles.

- D'autre part, Berkeley utilise une analogie. Elle consiste non seulement à démontrer l'existence de Dieu, mais aussi à montrer le nécessaire renvoi de toute chose à Dieu. Ainsi, en posant que : *Dieu est au monde comme l'âme est au corps*, Berkeley souligne le lien du sensible avec le spirituel. *Le visible est signe de l'invisible*, telle est la thèse défendue ici par Berkeley. Nous connaissons Dieu et l'âme, ces objets même de la métaphysique, non pas directement, mais à travers leurs effets, à travers un ensemble de signes. L'existence est spirituelle, parce qu'elle enferme et indique une origine spirituelle. Dieu nous parle, Il parle à nos yeux. S'exprime, chez Berkeley, cette idée que le sensible contient quelque chose qui renvoie à autre chose qui n'est pas sensible. Le sensible donne à la fois plus et autre chose, il est percée vers le spirituel, l'infini. Le monde sensible comprend une structure de renvoi conçue sur le modèle du langage. Tel événement n'est pas l'effet de tel autre, il en est le signe. Le feu n'est pas la cause de la douleur, il est le signe qui me prévient de l'éventualité de la brûlure[69]. L'infini et l'âme ne sont pas visibles par une idée, il nous sont signifiés. Reste qu'il y a une *visibilité* de Dieu et de l'âme qui nous est suggérée par leur capacité de produire du sens. Le sens atteint son paroxysme en Dieu en qui et par qui nous voyons l'ordre et comme la finalité de la nature. Il y a un *langage de la vision* s'enracinant en Dieu[70].

De là vient que la perception est *prospective*, anticipation. L'acte du regard est liaison, synthèse. Percevoir des idées, c'est les percevoir en se dirigeant vers leur unité. A partir des idées, on voit déjà l'objet. La perception de l'objet suppose une telle synthèse, elle révèle que l'esprit est le fondement du lié. Mais elle est prospective en un autre sens. Quand nous percevons, nous voyons partout dans le monde de l'ordre. Nous comprenons le langage de la nature institué par Dieu. L'acte du regard est compréhension du sens, il pose l'essentialité de l'esprit. L'esprit est essentiel parce que c'est lui qui dévoile le sens, c'est lui qui le récrée. Percevoir n'est pas seulement observer un monde transcendant qu'on n'a pas crée. C'est aussi l'attendre, l'éclairer d'un avenir proche ou lointain, recomposer le sens qui s'y trouve déjà. Si le monde en lequel nous sommes ne nous est pas étranger, c'est parce que Dieu s'adresse à ses créatures, à des esprits. Percevoir est une opération de l'esprit, une reconstitution et un réveil du sens. Sans attente, sans avenir, pas d'objectivité, pas d'ordre. La vue ici anticipe et apprend, comme dans la lecture où l'on attend et prévoit l'issue de l'histoire. L'esprit est toujours requis pour dévoiler l'objet : non seulement pour faire qu'il y ait un objet, rassembler en une unité le divers empirique, mais encore pour découvrir son sens, comprendre ce qu'il signifie. L'esprit est le

---

[69]George Berkeley, *Principes*, I, *op. cit.*, §65.
[70] George Berkeley, *Alciphron*, Dialogue IV, *op. cit.*, sect. 11 et 12.

lieu à partir duquel on s'oriente dans le monde qui n'est jamais purement donné. De même que, dans la lecture, la signification est contenue dans les mots *lus*, dont le sens est recomposé par le lecteur, de même, dans le monde, le sens y est présent, à condition de vouloir le voir et de ne pas s'en détourner. La lecture n'a pas d'autre substance que la subjectivité du lecteur (sans lui, le livre n'a aucun sens, il n'est qu'un amas informe de tracés). Le monde n'a pas d'autre substance que l'esprit qui est saisie de sens et de l'ordre (sans lui, le sens sommeillerait). Même si Dieu n'est pas connaissable par idée, il n'en demeure pas moins qu'il y a une proximité, une disponibilité de Dieu envers ses créatures, visible à travers l'ordre. Le langage de Dieu envers ses créatures témoigne de leur concordance, en ceci que nous pouvons et devons dépasser (comprendre) le sensible vers son sens, sa spiritualité.

Remarques conclusives

« Certains, qui enveloppent complètement leurs morts de terre, pensent qu'il est impie de les exposer au soleil, alors que les Égyptiens, après avoir enlevé leurs entrailles, les embaument et les gardent avec eux sur terre. Ceux des Éthiopiens qui mangent du poisson jettent leurs morts dans les marais où ils sont dévorés par les poissons. Les Hyrcaniens les donnent en pâture aux chiens, et certains Indiens aux vautours. On dit que les Troglodytes amènent leurs morts sur une colline de terre, puis, leur ayant attaché ensemble la tête et les pieds, ils leur envoient des pierres en riant, et quand les pierres qu'ils leur ont lancées se sont accumulées, ils s'en vont. Certains barbares sacrifient et mangent les gens de plus de soixante ans, alors qu'ils enterrent les morts plus jeunes. D'autres brûlent leurs trépassés, et parmi eux certains recueillent et préservent leurs os, alors que d'autres les jettent et les abandonnent sans s'en préoccuper. On dit que les Perses empalent leurs morts et les embaument avec du nitre, puis les roulent ainsi dans des bandelettes »[71].

Au terme de notre parcours, cette réflexion sur la question du monde, chez Berkeley, nous conduit à articuler le sensible et le spirituel. Le perçu n'est pas absolument donné, autrement il ne serait pas perçu. Il fait l'objet d'une synthèse. Berkeley n'a de cesse d'insister sur l'implication de l'esprit dans le monde. Si nous sommes sensibles à notre expérience quotidienne, c'est parce que nous nous y investissons. Si elle nous est familière, c'est parce que nous nouons ensemble un passé, un présent et un avenir.

La grande intuition de Berkeley est d'avoir souligné que l'esprit est fondamentalement *acte*. Le perçu n'est pas dissociable de l'acte de perception qui le révèle. Connaître, c'est regarder, scruter du regard, viser. La connaissance a quelque chose à voir avec la vision. Ce monde est *notre* monde dans la mesure où nous le voyons, où nous y projetons notre regard. *Ce n'est pas le monde qui affecte de ses lumières l'œil, mais, tout à l'inverse, c'est l'œil qui projette sur lui ses rayons lumineux.*

Nous ne sommes ouverts au sensible que parce que nous sommes des êtres spirituels. Ce que nous voyons, ce n'est pas un ensemble de choses froides, nues, défraîchies, mais tout un monde pénétré de sens pour qui sait voir. Il s'agit moins de regarder

---

[71] Sextus Empiricus, *Esquisses pyrrhoniennes*, Paris, Éditions du Seuil, 1997, p. 493.

que de voir, car l'on peut toujours regarder sans voir. A cette fin, il s'agit avant tout d'apprendre à voir, d'exercer sa vision. La condition de l'émergence du sens consiste à *éduquer* ses sens, et en particulier ses yeux. Le préliminaire requis est l'élargissement du voir, par lequel s'agrandit notre connaissance, par lequel se découvre l'origine spirituelle du bel ordre de la nature. Si nous ne le voyons pas, c'est parce que nous n'avons pas appris, ou, ce qui revient au même, parce qu'on nous a appris à nous en détourner. L'époque de la sacralisation de la matière est une époque valorisant la jouissance et la possession, le non-sens. Elle nous empêche de voir ce que le monde enveloppe de si noble et de si vénérable, elle nous dissuade de nous élever à la hauteur de la vérité du monde.

Mais ce n'est qu'au prix de mille efforts et de peine que nous pouvons nous orienter vers le bonheur de sentir la proximité du spirituel. Le musicien apprend à apprécier la mélodie, qui n'est que bruits pour le profane et l'animal. Rien de donné ne satisfait. La satisfaction naît du travail, de l'exercice, d'un acte. La connaissance aussi. Ce jardin ne plaît que si on l'a fait. Cette femme ne plaît que si on l'a conquise, disait Alain. Le bonheur n'est pas dans l'avoir, mais dans le faire. Il est donc requis de s'investir dans le monde pour qu'il perde quelque chose de son hostilité apparente et y découvrir (voir) le lien qui nous unit à lui : le sens, la commune origine du monde et des créatures de Dieu. Pour que les choses acquièrent de la valeur, il ne suffit pas de leur en donner une abstraitement, mais il est nécessaire d'accorder d'abord du prix à soi. Car c'est à partir de soi que nous retrouvons la valeur du monde, que nous lisons son sens, apprenons sa grammaire[72]. Toute tentative qui vise à séparer les esprits d'un côté, et le monde de l'autre, revient, d'une certaine manière, à chercher à couper l'âme du corps.

---

[72] George Berkeley, *Principes*, I, *op. cit.*, §§108-109 et §65.

Indications bibliographiques

- BERLIOZ Dominique, *Berkeley : Un nominalisme réaliste*, Paris, Vrin, 2002.

- BRYKMAN Geneviève, *Berkeley : Philosophie et apologétique*, Paris, Atelier national de reproduction des thèses, 1984, 2 tomes.

- BRYKMAN Geneviève, *Berkeley et le voile des mots*, Paris, Vrin, 2002.

- BRYKMAN Geneviève, « Courte vue et vision synoptique chez Berkeley », dans *Revue philosophique de la France et de l'étranger*, vol. 135, n° 1, 2010, p. 83-95.

- DEGREMONT Roselyne, *Berkeley : L'idée de nature*, Paris, PUF, 1995.

- DEGREMONT Roselyne, *Leçons sur la philosophie de Georges Berkeley*, Paris, Ellipses Marketing, 2013.

- DILLON John, « Notre perception du monde extérieur selon Plotin et Berkeley », *Cahiers de la Villa Kérylos*, vol. 1, n° 1, 1991, p. 100-108.

- DUBOIS Pierre, *L'Œuvre de Berkeley*, Paris, Vrin, 1985.

- GLAUSER Richard, *Berkeley et les philosophes du XVIIE siècle*, Bruxelles, Éditions Mardaga, 1999.

- GUEROULT Martial, *Berkeley, Quatre études sur la perception et sur Dieu*, Paris, Aubier, 1956.

- HAMOU Philippe, *Le Vocabulaire de Berkeley*, Paris, Ellipses, 2000.

- LEYVRAZ Jean-Pierre, « La notion de Dieu chez Berkeley », dans *Revue de théologie et de philosophie*, vol. 30, n° 112, 1980, p. 241-251.

- PETERSCHMITT Luc, « Théologie naturelle et philosophie chimique dans la *Siris* de Berkeley », *Dix-huitième siècle*, vol. 1, n° 42, 2010, p. 417-432.

- SCALA André, *Berkeley*, Paris, Les Belles Lettres, 2007.

- SCHWARTZ Claire, « Berkeley et les idées générales mathématiques », dans *Revue philosophique de la France et l'étranger*, vol. 135, 2010, p. 31-44.

Table des matières